日本経済 低成長からの脱却

縮み続けた平成を超えて

松元 崇

NTT出版

はじめに

今日、大卒の就職率は史上最高を記録し、日本経済は好調です。しかしながら、そのような中でも日本の成長率は主要先進国の中で最低。1％ほども低い成長率を続けています。その結果、日本経済は世界の中で縮みつづけています。

少子化で働く人が少なくなっているので、やむを得ないという議論がありますが、一人当たり国民所得でみても、どんどん貧しくなっています。働く人が少なくなったからといって、一人当たりの所得までが伸びなくなるはずはないのにです。[1]

本書の記述は、一人当たりの所得が伸びなくなったのは、一人当たりの労働生産性が伸びなくなったからだというところからスタートします。

その原因は、選択と集中の時代になった今日、日本企業が国内で成長のための投資をしなくなっているからです。戦後できあがったわが国独特の終身雇用制が制約となって、投資して失敗したときに、不要になった人員を抱え込まなければならないことが企業にとっ

1　わが国の一人当たり国民所得は、かつては、米国をも超えるかと言われていたのが、２０１６年で、米国５・１万ドル、ドイツ４・３万ドル、英国３・９万ドルに対して、２・８万ドルと先進国の中で最低水準になっています。

て大きなリスクになっているからです。

どうして、そんな不要になった人員まで抱え込まなければならない仕組みになっているのかといえば、日本では解雇されて転職となると次の職を見つけるのが大変だからです。解雇はその人の、そしてその人の家族の人生を大きく変えてしまうのです。そこで、解雇が難しい仕組みになっているのです。

その結果、選択と集中の時代に、成長に必要なリスクの高い投資が行われにくくなり、一人当たりの労働生産性が伸びなくなっているのです。そのような仕組みになっている国は、先進国では日本だけです。

実は、わが国の終身雇用制は、かつては日本経済の力強い成長の原動力でした。終身雇用制の下、日本企業の従業員は新たな技術革新に柔軟に対応し、輸出企業主導の力強い経済成長を支えたのです。輸出企業の力強い発展は、生産性が低い中小企業の賃上げにも波及して「一億総中流社会」が創り上げられました。そして教育制度や社会保障制度も終身雇用制を前提に職業教育や現役時代の社会保障を企業に担ってもらうという仕組みとされた結果小さな政府が実現しました。

それは、国民みんながウィン・ウィンになるという素晴らしい仕組みでした。しかしながら、世界の生産構造が変わってしまった今日、その仕組みが日本の成長の阻害要因になってしまっているのです。

世界の生産構造が変わってしまったのは、ＩＴ化によって、世界中のどこで何を生産してもよくなったからです。その結果、世界中がモノを作るうえでは一つの国のようになりました。

その生産構造の変化を指摘したのは、２０１６年に『大不平等』という本が日本でも話題になったミラノヴィッチというニューヨーク市立大学の教授です。詳しくは本文をご覧いただきたいと思いますが、その状況の下で、グローバルなレベルでの一極集中や過疎化の時代がもたらされ、その時代に乗り遅れた日本は、「過疎化」していく地域になってしまっているのです。

明治維新以来、西欧型の資本主義を採用し、西欧型の民主主義への道を歩んできたのが日本です。かつての戦争では、その道を誤りましたが、戦後には、再びその路線の下に、奇跡と言われた経済復興を遂げ、１９８０年代にはジャパン・アズ・ナンバー・ワンとまで言われるようになりました。日本は、西欧型の資本主義が高い経済成長と民主主義を実現し国民に幸せをもたらすというショウ・ウィンドウでした。

ところが、その日本が、世界の生産構造が変わってしまった今日、悪いお手本のショウ・ウィンドウになってしまっています。日本がその成長力を取り戻すためには、自らの生産の仕組みを、変わってしまった世界の生産構造に適合するように変革していかなければなりません。

それには、これまでの輸出企業が牽引していた経済成長を、全ての企業が牽引する、国民一人一人がその能力を十分に発揮するような仕組みに変えていかなければならないというのが、本書で述べていることです。

そのような変革を行うためには、相当の投資が必要です。投資には負担が伴います。負担と聞くと、すぐに立ちすくんでしまうのが今日の日本ですが、そのような負担は米国を除けばどの先進国でも行ってきたことです。そんなことを言っても、国民に新たな負担を求めることなど無理だと言われそうです。

しかしながら、成長率が他の先進諸国よりも1％低いという現状は、毎年毎年、550兆円のGDPの1％分、すなわち5・5兆円の隠れた増税を行っているのと同じです。

本文中で、スウェーデンがかつて20年間でGDP比約20％にも相当する増税を行って、今日の活力ある福祉国家を築いていった話を紹介しています。スウェーデンは、それを国民的な議論の末に行いました。その結果、国民負担率はかつて随分と高くなりましたが、その後、そこから20％以上も低くなって、今日ではフランスやイタリアを下回る水準になっています。選択と集中の時代になって、他国を上回る経済成長を続けてきた結果です。

アベノミクスの成長戦略には、企業が世界で最も活動しやすい国にするということがうたわれています。そのために、様々な取組みが行われてきました。しかしながら、本書で述べているような負担を伴う働く世代への投資の議論にまで踏み込むには、国民の巾広い理解が不可欠です。

内閣府の事務次官として、アベノミクスの立ち上げに参画した筆者としては、本書が、そのようなレベルにまで、今後、議論が深められる契機になればと考えています。

日本経済　低成長からの脱却　縮み続けた平成を超えて―目次

コラム

第1章

縮み続けた平成の日本

所得が伸びない日本

今日、日本経済は好調です。昨年には、日経平均株価は27年ぶりの高値を付けました。ずっと1以下に低迷していた有効求人倍率も1・6程度になり、かつての若者の就職難がうそのようです。筆者もその策定に参画したアベノミクスの成果と言えるでしょう。

しかしながら、欧米の株価は今世紀に入ってから8倍にもなっています。[1] 日本の株価は、伸び悩みなのです。

何よりも問題なのは、日本人の実質的な所得である可処分所得が伸び悩んでいることです。可処分所得とは、家計の収入から税金や社会保険料などの負担を差し引いたもので、家計が自由に消費することができる所得のことです。それが、図表1でご覧いただけるとおり、2016年の可処分所得299・3兆円は、2000年の307・2兆円から伸びていないどころか、7・9兆円も減少しているのです。[2]

可処分所得が減少しているというと、税や社会保険料の負担が増えたからだろうと言われそうです。2014年に、消費税率が5%から8%へと引き上げられたりしたせいだろうというわけです。

確かに税や社会保険料負担を示す家計の社会負担（図表1、6段目）は、この間に30・

９兆円から37・６兆円へと６・７兆円増えています。しかしながら、その分を除いてみたところで、７・９兆円のマイナスが１・２兆円のマイナスになるだけで、可処分所得の伸び悩みに変わりはありません。

可処分所得が伸びていない一番の原因は、賃金や俸給（図表1、２段目）が伸びていないことです。２３６・６兆円から２２９・１兆円へと伸びないどころか７・５兆円も減少しているのです。[3] この間、就業者数は６４４６万人から６４６５万人と微増ですから、一人当たりの賃金や俸給で見ても減少しています。

その背景にあるのは、日本の労働生産性が伸びていないことです。日本の一人当たり労働生産性は、かつて毎年８％を超える伸びを示していました。それが、２０００年以降ほとんど伸びなくなってしまったのです。図表２と図表３のグラフでご覧いただけるとおりです。

1　日本経済新聞、２０１８・10・７。先進国株全体の動きを示すＭＳＣＩ世界株指数は4倍になっています。
2　みずほ総合研究所「みずほ日本経済情報」（２０１８年1月号）
3　働き盛りの家計の可処分所得は、７・５兆円以上減少しています。わが国の人生後半の社会保障では、この間に増えている家計の社会負担６・７兆円の多くを働き盛りの家計が負担しているからです。単純計算すると、７・５兆円に６・７兆円を加えて14・２兆円のマイナスになります。

図表1　可処分所得の推移

上段：金額（兆円）、下段：シェア（%）

	1995年度	2000	2005	2010	2015	2016
可処分所得	302.3	307.2	295.1	293.2	297.2	299.3
賃金・俸給	234.8 （78%）	236.6 （77%）	223.8 （76%）	217.2 （74%）	223.8 （75%）	229.1 （77%）
財産所得 （純）	32.5 （11%）	26.7 （9%）	21.5 （7%）	20.9 （7%）	25.0 （8%）	24.5 （8%）
年金給付	30.2 （10%）	37.2 （12%）	43.3 （15%）	48.9 （17%）	51.5 （17%）	52.0 （17%）
その他の 社会給付	23.6 （8%）	26.0 （8%）	23.4 （8%）	27.4 （9%）	26.3 （9%）	26.1 （9%）
家計の 社会負担	−29.2 （−10%）	−30.9 （−10%）	−31.5 （−11%）	−33.1 （−11%）	−37.0 （−12%）	−37.6 （−13%）
その他	10.3 （3%）	11.6 （4%）	14.7 （5%）	12.0 （4%）	7.7 （3%）	5.1 （2%）

（注）雇主の社会負担は雇用者報酬の受取項目と相殺されるため、ここでは家計負担のみを表示。年金給付額は移転明細表のうち、年金特別会計と各種共済組合の長期経理の合計値。

（資料）内閣府「国民経済計算」より、みずほ総合研究所作成

図表2からは、1990年ごろから一人当たりで見ても時間当たりで見ても、わが国の労働生産性がほとんど伸びなくなった姿が確認できます。[4]それまで、右肩上がりだったのが、ほとんど横ばいの姿になってしまったのです。

図表3からは、まずは、1990年代以降、総じて先進国の労働生産性の伸びが低下している姿をご覧いただけます。それは、のちほどご説明しますが、選択と集中の時代になって発展途上国の成長

率が上がり、その反面、先進国の成長率が落ちてきたせいです。それにしても目立つのは、その中でも日本の落ち方の程度が断トツなことです。先進諸外国が２～３％の伸びでの落ち方になっている中で、１％以下の伸びに落ちているのです。

労働生産性が伸びなければ、所得も伸びるはずがありません。労働生産性が伸びないということは、「働けど働けど、わが暮らし楽にならず」という状況になっているということです。日本人は、かつてと同じように一生懸命働いているのに、そうなってしまったのです。

なぜ、日本だけがそうなってしまったのでしょうか。本書では、その謎解きをするとともに、そのような状態から日本が脱却する道筋を探ってみたいと思います。

4　実質で見れば、日本の労働生産性は、それなりに伸びているという話がありますが、本書は、名目（付加価値）労働生産性に着目して議論しています。実質労働生産性が伸びても、名目（付加価値）労働生産性が伸びなければ、企業収益も賃金も伸びないからです。企業収益が伸びない国は、選択と集中の時代に選ばれる国にならないからです。山田久氏（日本総合研究所）は、わが国の生産性をめぐる問題の核心を、「付加価値生産性の低迷」ととらえて、名目（付加価値）労働生産性に着目しています。(https://www.mof.go.jp/pri/research/conference/fy2017/inv2017_03.htm#01)。

図表2　労働生産性（名目ベース）の推移

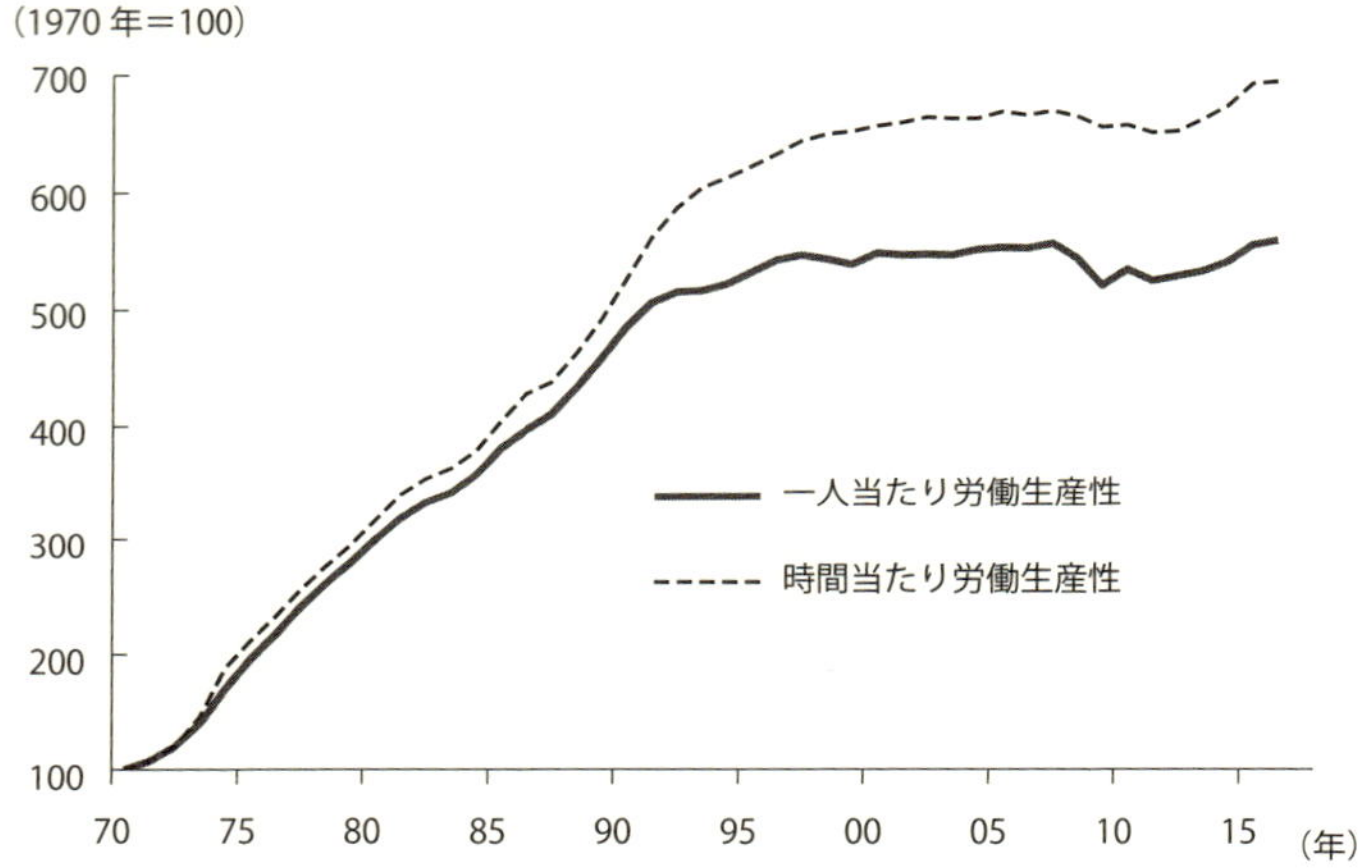

（出典）「イノベーションを通じた生産性向上に関する研究会」報告書、p109

一極集中が起こるようになった世界

米国のトランプ大統領の登場以来、世界経済が大きく揺れています。それまで自由貿易の大本山だと思われていた米国が、トランプ大統領のアメリカ・ファーストの掛け声の下に、次々と保護主義的な政策を打ち出してきています。

それまで、そのような政策をとるのは発展途上国など一部の国だけだと思われていたのが、資本主義経済の最先端を走る米国が正面からそのような政策を打ち出してきたのです。それをトランプ大統領の個性のせいにする見方があります。その通りという部分もあるでしょうが、一人の政治家の個性だけで世界経済がこ

図表３　先進主要国の時間当たり労働生産性（名目ベース）

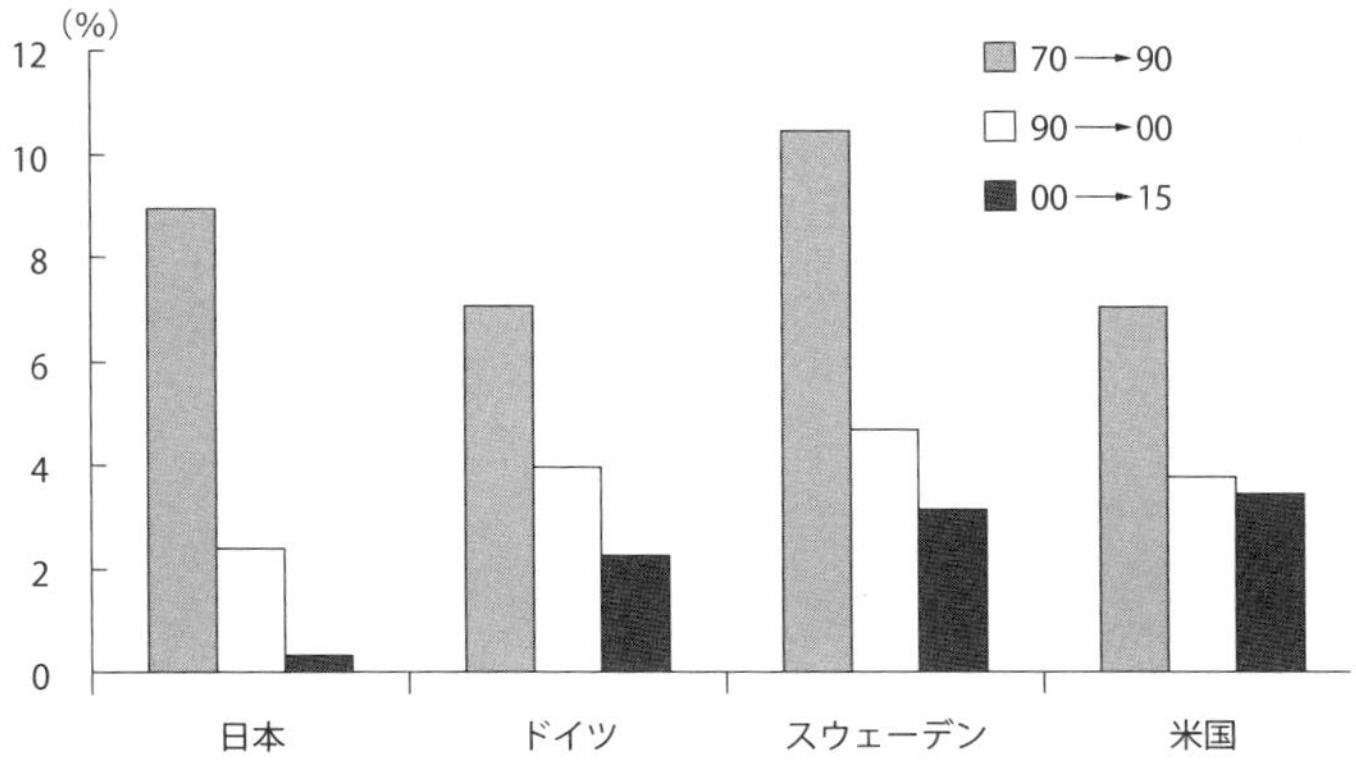

（出所）OECD Stat.

（出典）「イノベーションを通じた生産性向上に関する研究会」報告書、p109

れほど激変してしまうとは思われません。その背景には、大きく変わってしまった世界の生産構造があるのです。

どのように変わってしまったかと言えば、世界中のどこで何を生産してもよくなったのです。そんなことは当たり前だと思われるかもしれませんが、しばらく前まではそうではなかったのです。例えば、高い技術を要する製品は先進国でしか生産できなかったのです。それが１９９０年代以降、ＩＴ技術の進歩によって通信コストが激減し、世界中のどこで何を作っても生産過程をコントロールできるようになって変わってしまいました。

それは、モノの生産という面で、世界中が一つの国になったようなものだと考えればわかりやすいでしょう。しっかりとコントロールされていますから、世界中のさまざまな所で作った部品を寄せ集めても、ちゃんとした高度な製品ができあがるようになったのです。広汎なサプライ・チェーンの登上も、それによるものです。その状況の下、世界全体、特に発展途上国が、力強く成長するようになりました。

そう聞くといいことではないかと言われそうです。世界全体として見ればその通りです。しかしながら、その結果、困難に直面する国や人々が出てきました。それは、世界中が一つの国のようになった結果、自由貿易でどの国も幸せになるという世界が変わってしまったからです。

そんな馬鹿な、と言われそうです。自由貿易は、それに参加する国のいずれにも幸せをもたらすというのが経済学の基本原理とされているからです。筆者もかつてはそう思っていました。しかしながら、その経済学の基本原理は、世界中が各国に分かれていて最終製品に至るまでの生産がそれぞれの国ごとに行われて、そのうえで交易されることを前提にしていました。それが、世界中が一つの国のようになった結果、生産が集中する国が出てくるようになり、その反面として「過疎化」する国が出てくるようになったのです。その結果、今日の世界経済は、自由貿易がどの国にも幸せをもたらすとは言えなくなっているのです。

そのことを指摘したのが、世界の格差問題を分析した『大不平等』という本を著したブランコ・ミラノヴィッチ教授[5]です。教授は、今日の世界では、経済学の基本とされ自由貿易を基礎づけているリカード[6]の比較生産費説では説明のできない事態が起こるようになっているといいます。

教授は、リカードが比較生産費説の説明で例示したのと同じ、英国とポルトガルのワインと布地の生産のケースで説明しています。リカードの比較生産費説によれば、ワインと布地と、どちらについてもポルトガルの方が生産費が安かったとします。すると、ちょっと考えると、ワインも布地もポルトガルで生産されそうです。

しかしながら、そうはならないというのです。英国における布地の「相対的」な生産費がワインよりも安かったとすれば、英国で布地を生産し、ポルトガルでワインを生産し、それをお互いに交易することによって両国ともに国民経済がより豊かになるというので

5　ニューヨーク市立大学大学院センター客員教授
6　リカードは、アダム・スミスなどと並んで近代経済学の祖とされる経済学者。

す。だから、自由貿易がすべての国を豊かにするのです。

　これは、経済学の基礎中の基礎ともいえる理論で、経済学を学ぶ学生なら、誰でもまず最初に教えられることです。ところが、ミラノヴィッチ教授によりますと、このリカードの比較生産費説が成り立つのは、モノの生産がそれぞれの国で行われ、そのうえで交易されるというリカードが生きていた時代の世界の話で、今日のように企業の生産活動が容易に国境を越えていくようなグローバル化した世界では、比較生産費説は成り立たなくなっているというのです。ワインも布地もどちらもポルトガルで生産されるようになり、英国には何も残らないという事態が起こるというのです。[7]

　このことは、日本国内で過疎化が進んでいるのと同じだと考えれば、わかりやすいかもしれません。生産活動が容易に国境を越えていくようになった世界は、世界中が日本という一つの国になったような世界です。日本の国内に国境はありません。企業は日本国内のどこで何を生産してもいいのです。そこで、東京や大阪、あるいは名古屋に生産活動が集中して一極集中が起こっているのです。過疎化という問題が生じるのです。それと同様のことが、ＩＴ技術の進歩によって世界中が一つの国のようになった今日、グローバル・レベルでも起こるようになっているというわけです。

そのようになった世界で生産活動が集中する国は、先進国である必要はありません。米国でも、中国でも、インドでも、あるいはそれ以外の国でもいいのです。今日、選択と集中の時代になって勝者総取り（Winner takes all）の時代になったと言われますが、それは国のレベルでも勝者総取りが起こる時代になったということです。

その状況の下で、保護主義的な政策を打ち出して自国の利益を追求しだしたのが米国で、それでは困るというので、これまで随分と保護主義的な政策をとってきたのに、ここにきて自由貿易主義を高く掲げるようになったのが中国と考えることができます。[8] ＥＵも、これまでＥＵ域内の企業の利益になるようなルールの設定などによって保護主義的な政策をとってきたのが、より自由貿易を正面に打ち出すようになってきています。

ちなみに、比較生産費説が成り立たない世界になったということは、自由貿易が大切でなくなったことを意味するわけではありません。世界中の国がなべて保護主義をとるようになると、グローバルな生産のサプライチェーンが寸断されて非効率化してしまいます。

７　『大不平等』ｐ２４３
８　中国の、これまでの保護主義的な政策については、『日中関係史　１９７２−２０１２Ⅱ　経済』（東京大学出版会、２０１２）参照。

リカードの比較生産費説が成り立たなくなった世界でも、世界経済全体が効率的に発展していくためには自由貿易は不可欠なのです。[9] それは、一極集中や過疎化が進んでしまうからといって、日本を江戸時代のように各藩が割拠する仕組みに戻して自由な通商をなくしてしまっては日本経済の活力が失われてしまうというのと同じことです。

保護主義が相手国の保護主義の発動の引き金となって自由貿易が失われるプロセスに入ってしまうと、企業としては、その時々の状況次第でどの国で生産するのがいいのかという判断を、そのつど求められることになります。それでは、グローバルな企業の発展も国の発展も大きく制約されることになってしまいます。それは、囚人のジレンマ[10]のような世界です。みんなが自由貿易を守っている中で一人だけ保護主義的な政策をとれば利益を得ることができますが、みんなが保護主義的な政策をとるようになるとみんなが損をするのです。ですから、米国も中国もEUも、保護主義的な政策をとりながらも、自由貿易が大切だという看板はけして下ろさないのです。自分の国が保護主義だとは言わないのです。米国も、求めているのは公正な貿易で、バイで交渉して相手の不公正なやり方を是正させて公正な自由貿易を実現するのだというわけです。

というわけで、保護主義的な政策などを掲げると、他国からの非難を浴びることになります。そのような中で、誰からも文句を言われないのは、自国を他国よりも企業にとってより活動しやすい国にすることによって、企業に選ばれる国になることです。それによって、保護主義的な政策をとらなくても、企業を自国に引き寄せることができるのです。

そのための激しいせめぎあいは、トランプ大統領のアメリカ・ファースト政策が打ち出される前から始まっています。そしてそのせめぎあいは、最近では経済的なものにとどまらず、西欧流の民主主義か中国流のエリート支配かという社会の基本的な価値観のせめぎあいにまでなってきています。その背景には、ＩＴ化が進んだ社会においてはビッグデータの独占が一国の治安の維持に大きな力を発揮するようになったという事実があります。[11]

政情不安定な国でも、個人情報をすべて国家が把握すれば、自国の体制に対する異議申

9　日本が、ＴＰＰやＲＣＥＰ、日ＥＵ自由貿易協定に一生懸命取り組んでいるのも、そのためです。保護主義的な政策をとる国に対しては、その他の国々が、より大きな自由貿易圏を構築することによって対抗することができます。保護主義的な国よりも大きな自由貿易圏ができあがれば、保護主義をとった国は、より大きな損をすることになります。

10　囚人のジレンマとは、ゲームの理論で、お互いに協力する方が良い結果になることがわかっていても、抜け駆けして協力しないものがより利益を得るので協力が成立しにくいというジレンマのこと。

11　情報通信の分野は勝者総取りになりやすい分野です。それが国の安全保障にも直結するようになっているのです。

12　そのような体制が、長期的に安定して経済的な繁栄を続けられるかは未知数です。かつての社会主義計画経済がそうであったように、どこかで行き詰まる可能性もあると思われます。

し立てを排除して治安を維持することができるようになっています。[12] それは、民主主義では政情が安定しない多くの発展途上国にとって魅力的な選択肢です。そして、そのような仕組みを高度に発達させているのが中国なのですが、そのような仕組みを持つ国が選択と集中の時代の勝者になって多くの企業を引き寄せることになれば、民主主義が危うくなってしまうかもしれないと危惧する人が出てきています。この問題は、当面の日本の成長率を引き上げるという本書の課題の射程を超えていますので、ここでは、世界がそのような課題にも直面するようになっているという指摘にとどめておくことにします。

自国を他国よりも企業にとってより活動しやすい国にして、企業に選ばれる国になるというせめぎあいが行われるようになっているということは、逆説的に聞こえるかもしれませんが、企業の発展と国の発展が一致しなくなっているということでもあります。ミラノヴィッチ教授は、比較生産費説が成り立たなくなった世界では、ワインも布地もポルトガルでつくられるようになって、英国では何も生産されなくなるかもしれないと説明していますが、その場合に、ポルトガルでワインと布地を生産してポルトガルの経済成長を支えるのは英国の会社かもしれないのです。それは、日本経済が低迷しても、しっかりやっている日本企業は隆々と発展していけるということです。

とはいえ、米国でも中国でも、各国は自国の企業の発展に一生懸命です。そもそも、米国や中国には、企業の発展と国の発展を区別して考える必要がないという特殊性がありま す。米国の場合、後でお話ししますが、米国の仕組みが、ＩＴ化によって激変した今日の世界の生産構造に最も適合していますので、米国企業が発展するような政策が米国経済の発展にそのままつながる政策になっているのです。中国の場合は、国営企業中心の国家資本主義ですから、国営企業が発展する政策が中国経済が発展する政策そのものなのです。そして、この米中二か国が、今日の世界で躍進し、世界経済を大きく引っ張っていますので、その他の国々もそれへの対抗上からも、自国企業の発展を国の発展と同一視する政策を官民一体で行っているのです。

そのような世界で、官民一体の政策に正面から取り組まず、ただ一人蚊帳の外というのが日本です。[13]図表４は、世界の時価総額ランキング・ベスト20を平成元年と平成30年で比

13　もちろん官民癒着はいけませんが、グローバル競争が激しくなってきた今日、日本も諸外国並みの官民一体の政策に取り組む必要があります。

14　筆者のスタンフォード大学ビジネス・スクールの同級生だった岩崎日出俊さんは、このグラフを見て、「今から73年前。１９４５年の敗戦が第一の敗戦であったならば、平成の30年間は第二の敗戦」だったのではないかと述べています（同氏のフェイスブックより）。

図表4　平成30年間の世界時価総額ランキング変化

平成元年
世界時価総額ランキング

順位	企業名	時価総額（億ドル）	国名
1	NTT	1,638.6	日本
2	日本興業銀行	715.9	日本
3	住友銀行	695.9	日本
4	富士銀行	670.8	日本
5	第一勧業銀行	660.9	日本
6	IBM	646.5	米国
7	三菱銀行	592.7	日本
8	エクソン	549.2	米国
9	東京電力	544.6	日本
10	ロイヤル・ダッチ・シェル	543.6	英国
11	トヨタ自動車	541.7	日本
12	GE	493.6	米国
13	三和銀行	492.9	日本
14	野村證券	444.4	日本
15	新日本製鐵	414.8	日本
16	AT&T	381.2	米国
17	日立製作所	358.2	日本
18	松下電器	357.0	日本
19	フィリップ・モリス	321.4	米国
20	東芝	309.1	日本

平成30年
世界時価総額ランキング

順位	企業名	時価総額（億ドル）	国名
1	アップル	9,409.5	米国
2	アマゾン・ドット・コム	8,800.6	米国
3	アルファベット	8,336.6	米国
4	マイクロソフト	8,158.4	米国
5	フェイスブック	6,092.5	米国
6	バークシャー・ハサウェイ	4,925.0	米国
7	アリババ・グループ・ホールディング	4,795.8	中国
8	テンセント・ホールディングス	4,557.3	中国
9	JPモルガン・チェース	3,740.0	米国
10	エクソン・モービル	3,446.5	米国
11	ジョンソン・エンド・ジョンソン	3,375.5	米国
12	ビザ	3,143.8	米国
13	バンク・オブ・アメリカ	3,016.8	米国
14	ロイヤル・ダッチ・シェル	2,899.7	英国
15	中国工商銀行	2,870.7	中国
16	サムスン電子	2,842.8	韓国
17	ウェルズ・ファーゴ	2,735.4	米国
18	ウォルマート	2,598.5	米国
19	中国建設銀行	2,502.8	中国
20	ネスレ	2,455.2	スイス

（出典）週刊ダイヤモンド、2018.8.25、p45「平成経済全史30」。1989年当時の円レートは、1年間の始値123.6円、高値149.63円、安値123.6円、終値143.79円。

べたものですが、平成元年に14社も登場していた日本企業が、平成30年にはゼロになっています。[14] 企業にとってより活動しやすい国になる、それによって企業に選ばれる国になるという政策が本格的に行われてこなかったからです。

アベノミクスの成長戦略では、そのような政策がうたわれました。法人税率の引き下げなど相当の政策が行われました。しかしながら、まだまだ十分とは言えません。そのような中で、日本企業が、今後、日本でなく世界でもっぱら発展するようになると、企業が世界の発展には貢献するが、自国の成長はけん引しないという、比較生産費説が成り立たなくなった世界で、企業の発展と国の発展が一致しないことのモデルケースを提供することになってしまうかもしれません。

世界の中で縮み続けている日本

日本は世界の中で企業に選ばれない国になり、世界の中で縮み続けています。図表５をご覧いただくと、１９９７年に世界の中で13・8％のシェアを占めていたのが、２０１４年は6・0％と半分以下の身の丈になってしまっています。米国との比較で言えば、米国の２分の１だったのが４分の１になってしまっています。縮み続けたのは、失われた10年

図表5　日米欧の名目GDPの世界に占める割合

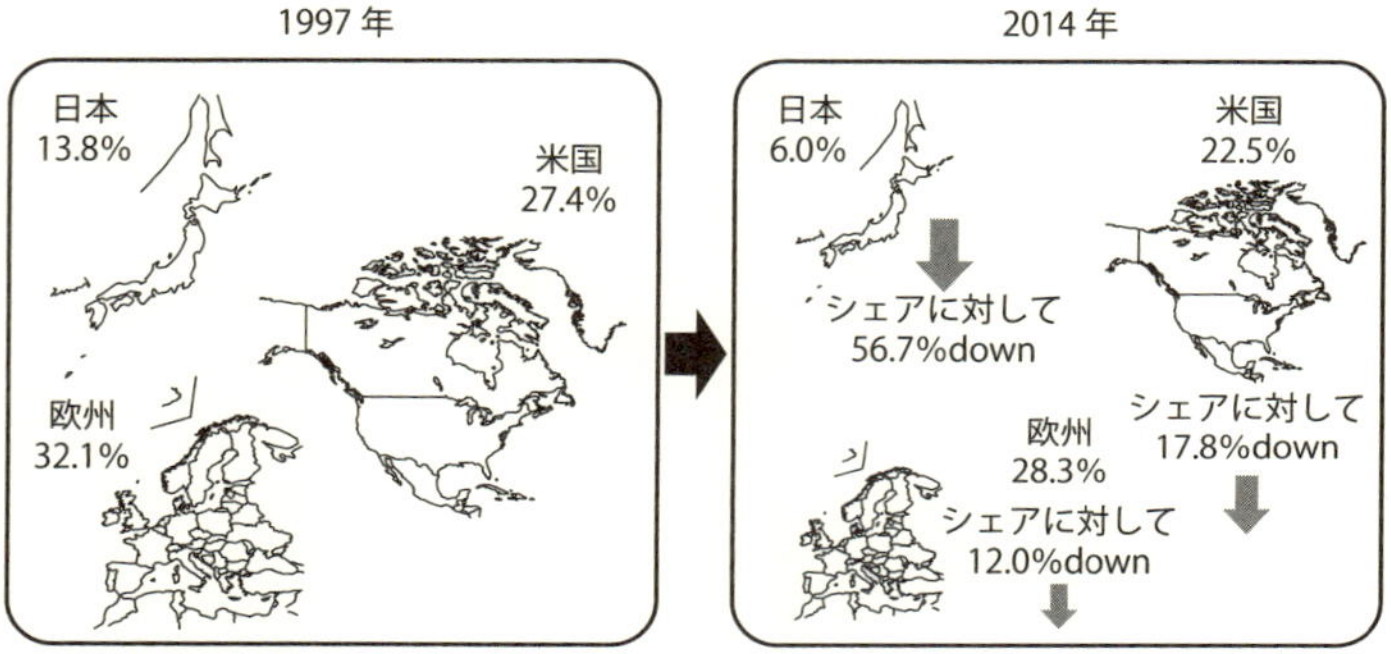

（出典）内閣府経済財政担当部局において作成

図表6　IMF世界経済見通し（対前年実質成長率：％）

	2017年	2018年	2019年
世界全体	3.8	3.7	3.5
途上国	4.7	4.6	4.5
先進国	2.4	2.3	2.0
米国	2.2	2.9	2.5
ユーロ圏	2.4	1.8	1.6
日本	1.9	0.9	1.1

（注）OECDの見通し（2018年11月21日）では、2018年からの３年間が、世界全体、3.7％、3.5％、3.5％、米国、2.9％、2.7％、2.1％、ユーロ圏、1.9％、1.8％、1.6％、日本、0.9％、1.0％、0.7％となっています。

（出典）IMF World Economic Out look（2019年１月15日改訂）

とか失われた20年とか言われていたころまでの話で、今は違っていると思っている人が多いかもしれませんが、日本経済は今でも縮み続けています。それは、世界の中で最低水準の成長率を続けているからです。

図表６は、２０１７年から２０１９年にかけてのＩＭＦの世界経済見通しですが、今日でも日本が世界の中で最低水準の成長を続けているのをご覧いただけます。世界全体の成長率が４％弱、発展途上国が５％弱、先進国が２％程度の成長率という中で、日本の成長率だけが１％前後という姿になっています。現在でも日本は他の先進諸国よりも１％ほど低い成長率で、世界の中で縮み続けているのです。このままでは、日本は失われた20年どころか30年を、いや50年を経験することになります。このままでは、21世紀は日本にとって失われた世紀になってしまいます。

ちなみに、世界全体の成長率が４％弱というのは、第2次世界大戦からの経済復興が一段落した１９７０年ころからずっと続いている姿です。ただ、日本が平成に入ったころ、１９９０年ころから、発展途上国が５％程度の成長率を示すようになり、先進国の成長率が２％程度の成長率に落ちてしまいました。図表７の左側のグラフでご覧いただけるとおりです。そのような姿になったのは、１９９０年ころからＩＴ化が本格的に進むようにな

図表7　世界の実質GDP成長率

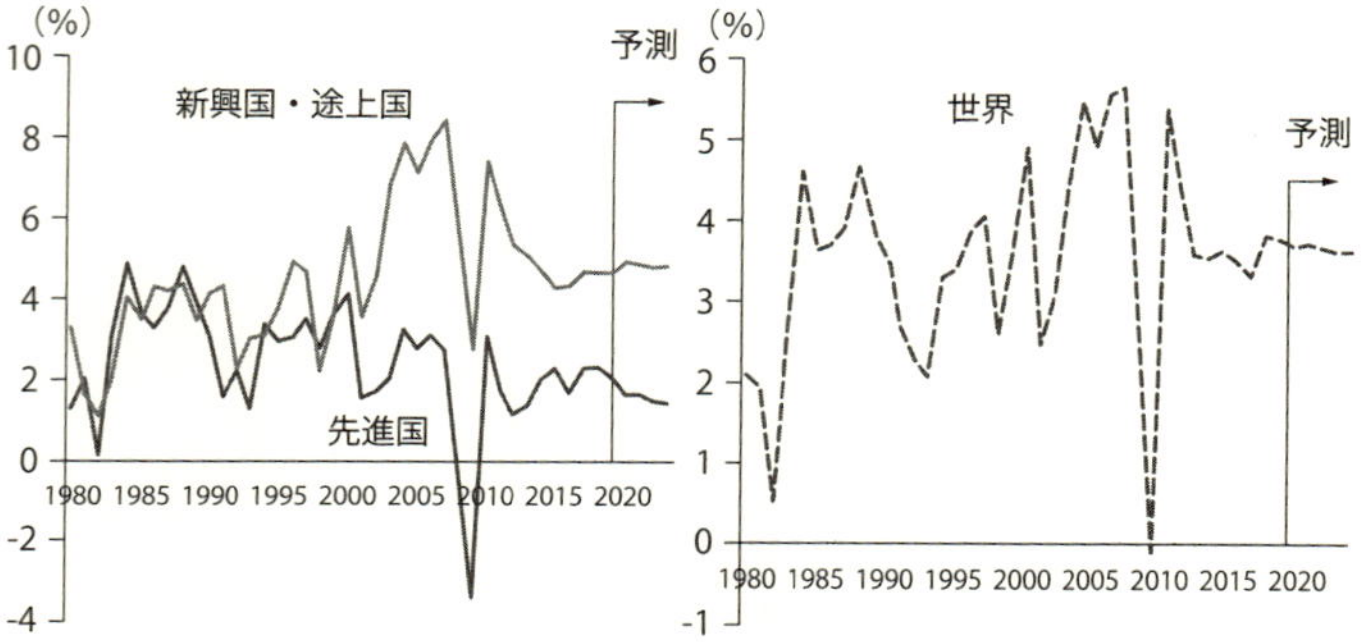

（注）2019年以降は予測
（出所）IMF World Economic Outlook Report

り、通信費が劇的に下がって、世界中のどこで何を生産してもコントロールできるようになったからです。

実は、発展途上国の成長率が先進国を上回って、先進国に追いつくというのは、経済学的に言えば当然のことなのですが、それまで、その当然のことが起こっていませんでした。経済は農業から軽工業、軽工業から重工業へというように段階的に発展して先進国になるとされていましたが、多くの発展途上国はなかなかその発展段階を進めなかったのです。

そこで「南北問題[15]」の解決ということが、ずっと言われていました。1961年、米国のケネディ大統領が、その解決のために「国連開発の10年」というのを提唱しました。ところが、10年たっても南北間の格差は縮まりませんでした。そこで国連開発の10年がもう一度繰り返されましたが、20年たっても事態は変わりませんでした。１９８１年には、メキシコのカンクンというリゾート地で南北サミットというものまで開かれ、三たび、国連開発の10年が繰り返されましたが、格差は縮まりませんでした。どうしても「南北問題」は解決できなかったのです。

それが、１９９０年代以降のＩＴ化の進展によって、世界中のどこでも先端的な産業でも立地するようになると、突然世界が変わり、発展途上国が先進国の経済成長率を恒常的に上回るようになりました。ＩＴ技術を利用した生産工程の標準化とそのコントロールによって、世界中のどこで何を作って組み合わせてもちゃんとした製品ができるようになったからです。それまで、技術的に進んだ製品は、先進国でしか生産できなかったのが、そうでなくなったのです。それは、それまで言われていた経済の発展段階など踏まなくてもよくなったということです。

ＩＴ化によって、世界中のどこで何でも生産できるようになったことがもたらしたの

15　南北問題とは、地球の北半球に集中している先進国と、それより南に多く位置する発展途上国との間の著しい経済的格差から生じる問題の総称。

が、選択と集中の時代です。それまで、企業は基本的に一国の中で生産し、その生産物を多国間で交易するという形でグローバルに競争していました。それが、世界中のどこで何を生産してもよくなった結果、企業は貿易の段階だけでなく、生産の段階でもグローバルに競争するようになりました。グローバルなサプライ・チェーンで競争するようになりました。そして、そのような競争の中で得意分野に経営資源を集中し、不得意な分野は切り捨てるという「選択と集中」を行う企業が大きな競争力を持つようになったのです。

その選択と集中の時代に、日本は適合できていません。硬直的な雇用慣行のために国内で生産活動の選択と集中が思い切ってできないからです。その結果、日本だけが世界の成長に取り残されて、世界で最低水準の成長率になっているのです。

若い人は低成長になった最近の日本しか知らないと思います。しかしながら、かつての日本はジャパン・アズ・ナンバー・ワンなどと言われ、21世紀は日本の世紀だなどと言われていました。それが、1991年に、いわゆるバブル経済が崩壊したころからすっかり様変りしてしまいました。

それは当時、バブル経済が作り出した三つの過剰のせいだと言われました。バブルとは、英語で実体のないアワのことです。童謡の「シャボン玉」の歌詞を思い起こしていただけばイメージできると思いますが、空に飛ばせばやがて消えてしまうシャボン玉といった意味です。いつかは必ずはじけます。そして何も残らないのです。バブル期に、企業は、実体のない需要があると思い込んで生産活動を行いました。お金を借りて人を雇い設備投資をして生産活動を行いました。バブルがはじけてみると、実体がなかった需要はシャボン玉のように消えてしまいました。そして残ったのが、「債務の過剰」と「人の過剰」と「設備の過剰」という三つの過剰でした。

その三つの過剰が、企業収益の足を引っ張り、日本経済の足を引っ張り、低成長になってしまったという解説が行われました。みんな、そうだと思いました。そこで、日本経済を再活性化させるためには、企業は設備と人の思い切ったリストラを、金融機関は不良債権の大胆な処理を行いました。[16]痛みに耐えてそうすることによって未来が開けると思ったからです。そして、三つの過剰は解消されました。

ところが、日本経済は低成長のままです。痛みに耐えて、思い切った改革を行ったのに

16　当時は、世界が選択と集中の時代に入って、世界の成長企業を支援するウォール・ストリートを中心とした投資銀行業務が花開いていった時期でした。その時期に、わが国の金融機関が、不良債権処理業務に専念したことは、わが国で、戦後、企業を育て支援する業務を得意としてきた金融機関のノウハウが生かされなかったことを意味していました。これは、かつて都市銀行に勤めていた著者の父親が語っていたことです。

そうなのです。実は、日本の低成長は、１９９０年代に入り、バブル崩壊と時を同じくして起こったＩＴによる、選択と集中の時代がもたらしたものだったのです。選択と集中の時代に、日本の仕組みがうまく適応できなくなってしまってもたらされたものだったのです。

日本が低成長になってしまった結果、どうなっているでしょうか。かつて日本は、アジアの中で圧倒的に高い一人当たりＧＤＰ（国内総生産）を誇っていました。ところが今や、香港やシンガポールの後塵を拝するようになっています。

シンガポールや上海に行った人の話では、初任給など日本よりよほど高いし、豊かな生活をしているとのことです。デービッド・アトキンソン氏の『新・所得倍増論』によれば、２０１５年の日本の一人当たり実質ＧＤＰ（購買力平価調整後）は３万８０５４ドルで、世界第27位。韓国（３万６５１１ドル）よりは上ですが、台湾（４万６７８３ドル）より下です。少子高齢化だから仕方がないという人がいます。確かに、働かなくなり雇用所得のない高齢者が増えることは、一人当たりのＧＤＰを引き下げます。しかしながら、その影響を除くために労働者一人当たりのＧＤＰを比較してみても日本の労働者一人当たりのＧＤＰ（８万７００６ドル）は先進国の中で17位です。米国（12万５４５０ドル）の

図表８　安倍政権発足前と現在の主な経済指標の推移

		安倍政権発足前	現在	備考
名目GDP		493.0兆円 （2012年10〜12月）	546.7兆円 （2018年７〜９月）	過去最高水準
個人消費 （2011年＝100）		102.6 （2012年12月）	104.6 （2018年10月）	
雇用情勢	失業率	4.3％ （2012年12月）	2.5％ （2018年11月）	約25年ぶりの低水準
	有効求人倍率	0.83倍 （2012年12月）	1.63倍 （2018年11月）	２年にわたり全都道府県で１倍超え
企業収益（経常利益） ※季節調整値		12.4兆円 （2012年10〜12月）	20.8兆円 （2018年７〜９月）	過去最高水準
設備投資 ※季節調整値		8.5兆円 （2012年10〜12月）	11.0兆円 （2018年７〜９月）	リーマンショック前の水準を回復しつつある
業況判断 （大企業・製造業）		▲12 （2012年12月）	19 （2018年12月）	リーマンショック前以来約11年ぶりの高水準
鉱工業生産指数 （2015年＝100）		96.4 （2012年12月）	104.7 （2018年11月）	
株価		10,230円 （2012年12月26日）	20,038円 （2019年１月７日）	

（出所）内閣府「国民経済計算」、「消費総合指数」、総務省「労働力調査」、厚生労働省「一般職業紹介状況」、財務省「法人企業統計季報（全規模・全産業）」、日本銀行「短観（全国企業短期経済観測調査）」、経済産業省「鉱工業指数」、Bloomberg「日経平均株価」

7割の水準で、経済の不調が伝えられるギリシャ（8万3827ドル）よりも少し上なだけです。

　そんなことを言っても、今の日本経済は好調ではないかという反論が飛んできそうです。その通りです。平成24年12月に第2次安倍内閣になってから始まった景気拡大は既に75か月も続いており（平成31年1月現在）、

図表9　わが国からの輸出と海外現地法人売上高の推移

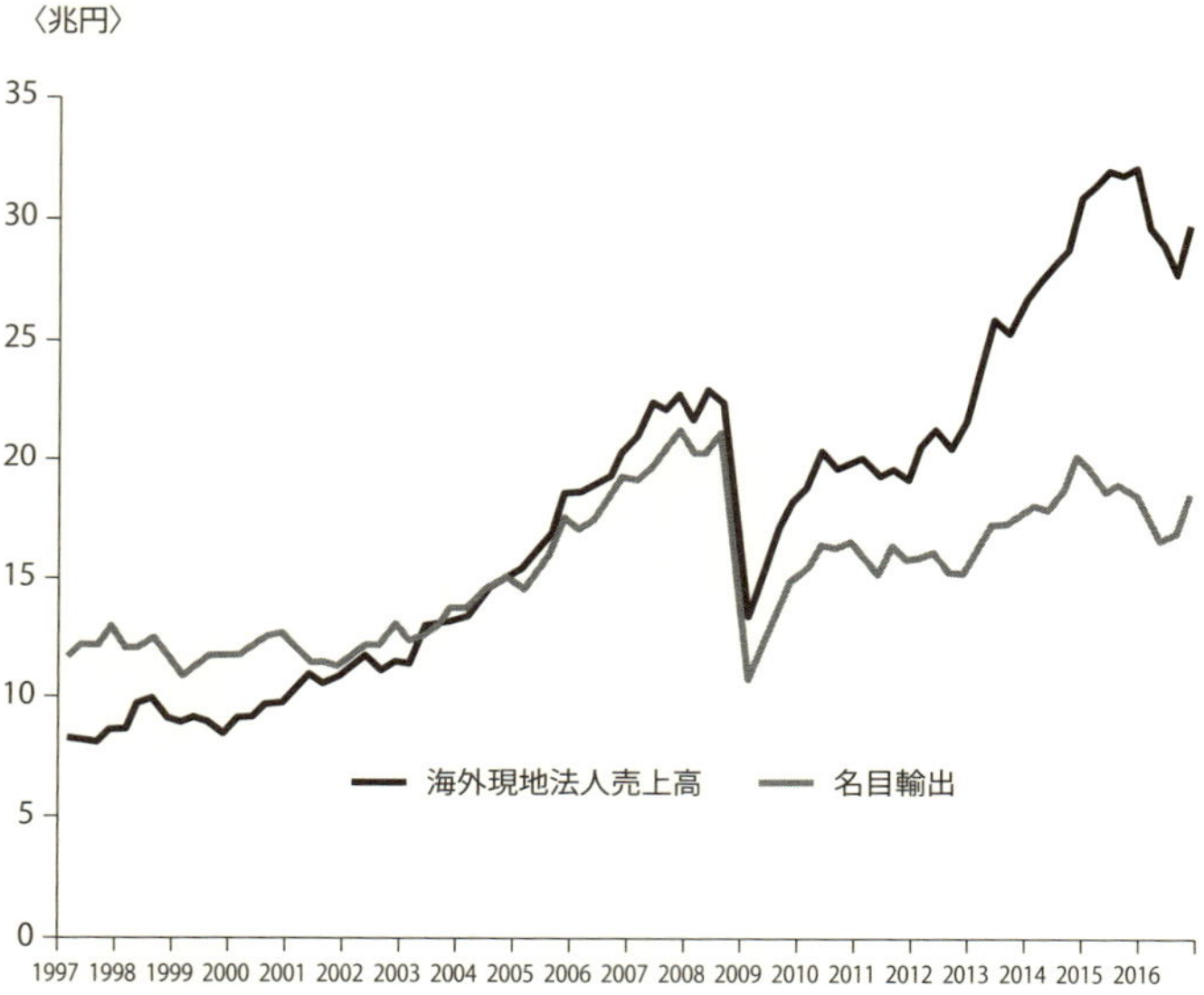

（作成）第一生命経済研究所

戦後最長の景気拡大期になっています。内容的にも図表8でご覧いただけるとおり、企業収益は2年連続で過去最高、有効求人倍率も史上初めて全都道府県で1を超えてかつての若者の就職難がうそのようです。就職戦線は売り手市場で、企業は優秀な新規学卒者の確保に苦労しています。株価も、かつての倍以上になっています。日本企業の稼ぐ力も回復してきています。低い低いと言われてきた

ＲＯＡ（Return on Asset、総資産利益率）やＲＯＥ（Return on Equity、自己資本利益率）も高くなってきています。[17]

しかしながら問題は、そのような日本企業の収益の多くが海外での稼ぎによるもので、日本国内の稼ぎによるものではないということです。海外での稼ぎは海外の成長によるもので、日本の成長の成果ではありません。だから、日本経済が好調といっても、国民生活は代わり映えしないのです。[18]日本企業がグローバルに発展しても、日本というローカルな地域に生活している国民の生活は豊かになっていないのです。[19]

海外に発展を求める日本企業

ここで、日本企業が、どれくらい海外で稼ぐようになっているかを確認しておくことにします。図表９は、わが国からの輸出と海外現地法人売上高の推移を示したものです。わ

17　２０１６年のＲＯＡは２・90％となって、２・89％の米国を逆転しています（日本経済新聞２０１７・９・２）。ＲＯＥも、２０１７年度には10・１％にまで上昇する見通しで、欧米企業に迫っています（日本経済新聞２０１８・３・14）。

18　成長率が低いままでは、戦後最長の景気拡大期といっても、景気回復に長くかかっているだけです。

19　２０１８年６月の毎月勤労統計調査では、従業員５人以上の事業所の給与が21年ぶりの高い伸び（前年同月比３・６％増）になったとされましたが、同時に発表された総務省の家計調査では、１世帯当たりの消費支出は５カ月連続の減少となっています。国全体の成長率が高まらない中で、実質所得が伸びていないからです。

図表10　「広義の投資」の長期推移（イメージ）

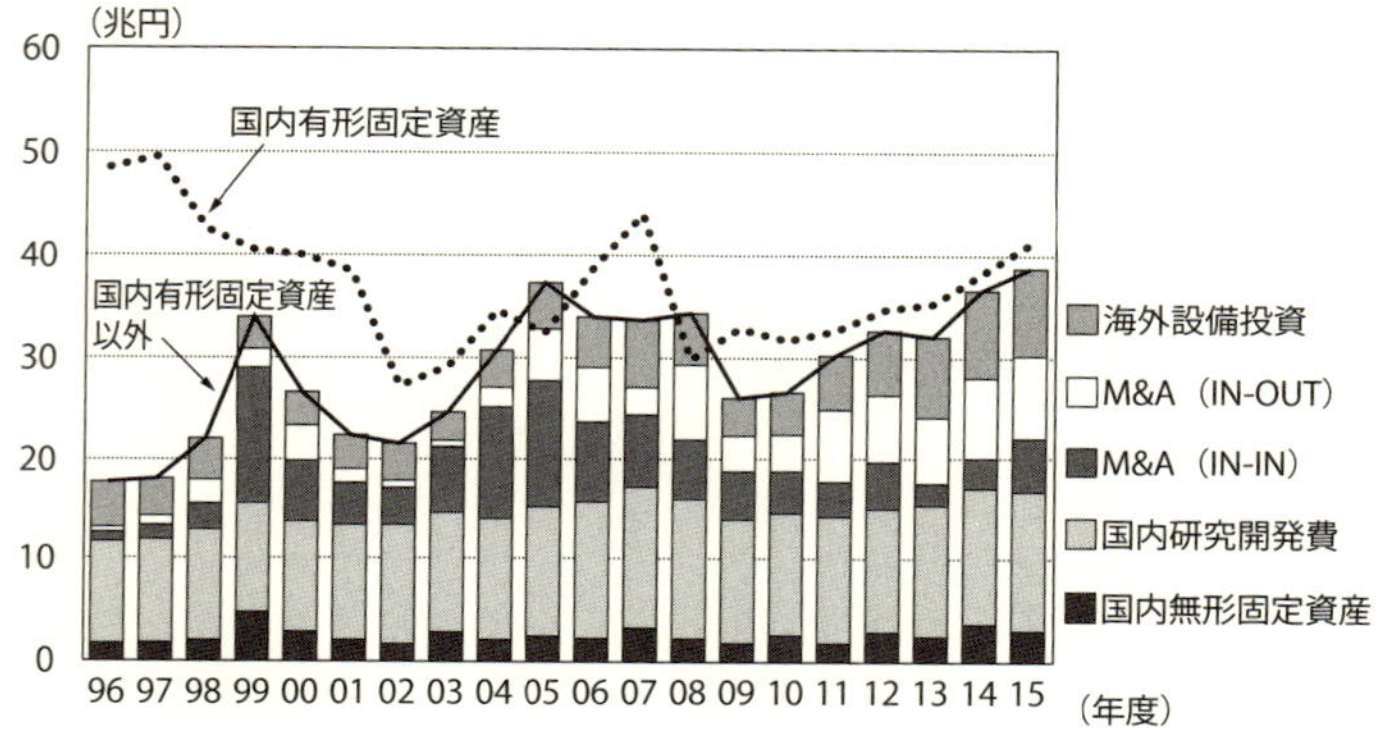

（注）　1. 国内の有形及び無形固定資産は、各資産残高の前年差に減価償却費を加えて算出、各資産の減価償却費は前期の有形・無形固定資産残高の比率で按分して算出。
2. 2015年度の海外設備投資は予測値。
3. M&AのIN-INは日本企業同士のM&A、IN-OUTは日本企業による海外企業へのM&A。

（出所）財務省「法人企業統計年報」、総務省「科学技術研究調査」、経済産業省「海外事業活動基本調査」、（株）レコフ「M&Aデータベース」により作成。

（出典）「企業の投資戦略に関する研究会――イノベーションに向けて」財務総合政策研究所、2017年3月

が国の企業が海外現地法人の売り上げは伸ばしても、国内生産をベースにした輸出を伸ばさなくなっている姿がご覧いただけます。その姿は、2008年のリーマン・ショック後に特に顕著です。日本企業が史上最高の収益をあげるようになったのに内部留保ばかり貯め込んでいてけしからん、もっと思い切った投資をするなり、従業員に賃上げで還元すべきだ、と言われますが、実は日本企業は海外にはかなりの投資をして生産

し、そこからの売り上げを伸ばしているのです。

もう少し詳細に、日本企業が近年、どのように海外への投資を伸ばしているかをご覧いただけるのが図表10です。同図表は「広義の投資」ということで、1996年度以降の日本企業のさまざまな投資をグラフ化していますが、グラフの一番上にある海外設備投資と海外へのM&A（IN－OUT）[20]が2004年以降大きく伸び、リーマン・ショック後の2009年から10年にかけてはいったん足踏みしますが、その後2015年にかけてその伸びの勢いを取り戻している姿をご覧いただけます。[21]

日本企業が国内投資に比べて海外投資に積極的なことは、金融機関の融資データからも見て取れます。図表11は、英米等主要六か国の銀行の海外向け与信シェアの推移をグラフにしたものですが、日本の銀行が2008年のリーマン・ショック後、一貫してシェアを

20　図表10からは、国内での日本企業同士のM&A（IN－IN）が、いざなみ景気（2002年～2008年）」の時期に大きく伸びていることが見て取れます。ところが、後に見ていただく図表16の成長会計では、同時期にも資本（赤色）の出番はほとんどありません。それは、このような日本企業同士のM&Aが、投資という面から日本の成長にほとんど寄与しなかったことを意味しています。日本企業同士のM&Aは、バブル崩壊後、低収益に苦しむ部門を競合他社に移譲することによって収益力を強化することには役立ちましたが、日本の国全体の成長力を高めるものではなかったということです。

21　その後も、日本企業のM&Aは、2017年に過去最高を記録し（日経ビジネス、2018・3・19）、2018年上半期も過去最高を記録しています（日本経済新聞、2018・7・2）。

図表11　銀行の海外向け与信シェアの推移

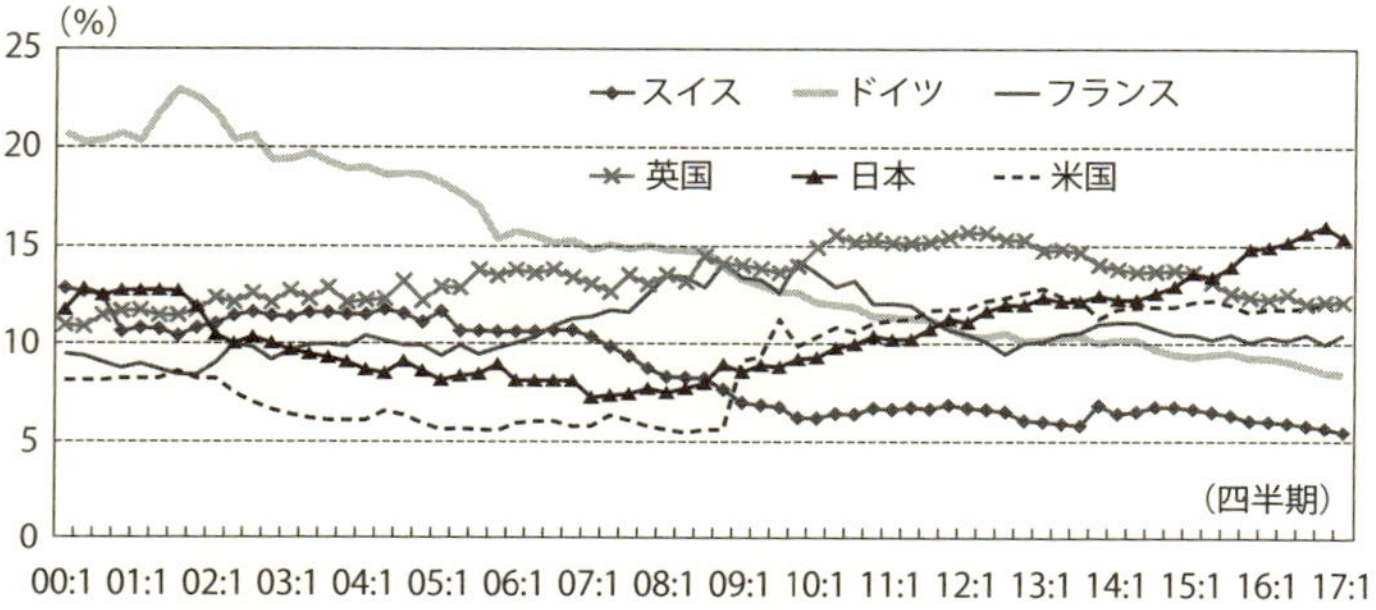

（注）　1. 本統計へのデータ提供国に中国本土は含まれていない。
2. 本統計のデータは、海外支店や現地法人を合算した連結ベースであり、本支店間や現地法人との取引については含まれていない。
3. 本統計は、現地通貨建ての取引及び非現地通貨建ての取引の総計であり、米ドル以外の通貨については各報告基準点地点における為替レートの月末終値により米ドルに換算している。

（資料）　BIS, *Consolidated Banking Statistics*

（出典）2017年度金融研究報告、日本経済研究センター　2018.3、p45

増加させて、２０１５年3月以降、首位になっている姿をご覧いただけます。

この姿に対しては、国内に融資しないで海外融資ばかり伸ばしている銀行はけしからんという声が飛んできそうです。しかしながら、そんなことを言われても銀行は困ってしまうでしょう。国内融資をしたくないのでそうなっているわけではないからです。国内では、貸したくても貸し出す先がないのです。[22] そのことは、貸出金利の低下、預貸金利ざや（貸付金の受取利息と預金への支払利息との差）の縮小を見れば明らか

図表12　全国銀行の調達・運用利回りの推移

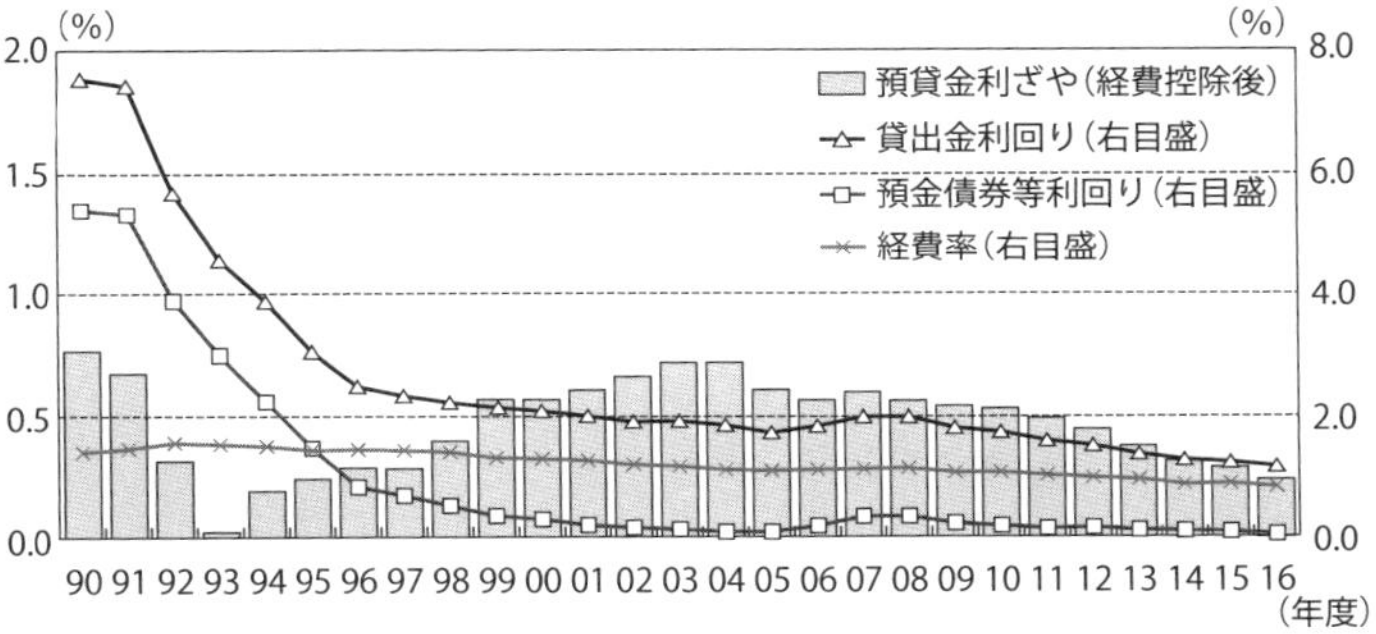

（注）　1.　預貸金利ざや（経費控除後）＝貸出金利回り－預金債券等利回り－経費率
　　　　　貸出金利回り＝貸出金利息／貸出金平残
　　　　　預金債券等利回り＝預金・譲渡性預金・債券利息／預金・譲渡性預金・債券平残
　　　　　経費率＝営業経費／預金・譲渡性預金・債券平残
　　　　2.　2013年度について、合併前の旧みずほ銀行の計数は含まれない。
（資料）　全国銀行協会『全国銀行財務諸表分析』、NEEDS-FinancialQUEST

（出典）2017年度金融研究報告、日本経済研究センター　2018.3、p7

です（図表12）。資金需要があまりないところに貸し出そうとするので、金利を下げないと貸し出せないのです。要は、日本企業が、海外投資には積極的でも、国内の投資にはそうではないので資金需要が低調なのです。その姿が金融機関の融資行動にも反映しているのです。

　なぜ、日本企業は、日本国内で積極的な投資をしなくなってしまったのでしょうか。それは、リーマン・ショック後のことを思い出していただくとよくわかります。リーマン・ショック後、日本では75円にもなる突然の円高に、経済界からは、とにかくこの円高だけは何とかしてくれと悲鳴が上がりました。多くの日本企業は国内工場の閉鎖を強いられました。いわゆる空洞化です。筆者の父の故郷は鹿児島ですが、鹿児島では、ソニー、パナソニック、富士通の三つの大きな工場が閉鎖されていきました。パナソニックの工場は、県が誘致した第1号の工場でしたが閉鎖されました。その過程で各企業は、従業員の整理に大変な苦労をしたはずです。企業がつぶれるというのでもない限り、できるだけ従業員を解雇しないようにするという労働慣行があるからです。諸外国では、工場が赤字になった場合に従業員を解雇して工場を閉鎖するのは当たり前です。もちろん、一定の段取りを経る必要はありますが、会社がつぶれるのでもない限り雇用するように努力しろといったことはありません。日本のような終身雇用の慣行がないからです。

リーマン・ショック後のそのような経験から、日本企業は、国内での投資にすっかり慎重になっています。投資がうまくいかなかった場合に、日本では終身雇用制のせいで撤退が難しいということを身に染みて経験したからです。そこで、撤退のリスクが伴う選択と集中の投資は外国でということになっているのです。

日本企業が国内で投資をしなくなったわけではありません。しかしながら、やっているのは、もっぱら古くなった設備の更新投資や省力化投資です。生産を増強する投資も行われていますが、その場合でも人をほとんど雇わない工場の建設です。多くの人を雇って生産を増強するような投資には極めて慎重です。省力化投資は、これからの日本では少子化が進みますので、至極まっとうな投資と言えます。現に、今や人手不足になっているのですから、その通りです。しかしながら、そのような省力化投資が国際競争力の強化につながるかといえば、必ずしもそうではありません。それは、わが国で省力化投資が最も行われてきた農業分野を見れば明らかです。[23]

そもそも、選択と集中の投資が海外と変わらないリスクの下にできるのであれば、少子化が進むからといっても、日本でももっと人を雇う投資が出てきていたはずです。ちなみ

22　２０１８年４月に全国銀行協会が発表した速報では、対前年度末比で銀行全体の預金残高が３・５％増の７３４兆７７７４億円だったのに対して、貸出金残高は１・６％増の４８８兆７４１５億円にとどまっています。その差額、すなわち貸し出しに回っていない預金は、２４９兆３５９億円に膨らんでいるのです。３メガバンクなどの大手行に限ると、預金残高が４・９％増の３５６兆５０２８億円だったのに対して、貸出金残高は▲１・４％マイナス（2年連続マイナス）の１８７兆８７２４億円でした（日本経済新聞、２０１８・４・11）。

23　農業分野では、省力化投資の結果、他産業並み、あるいはそれ以上の物的生産性向上がもたらされてきました（松元崇「ＩＴ革命が開く農業新時代」週刊東洋経済、２００６・７・29、ｐ１０９）。それは、農家に農業以外の仕事で稼ぐ機会を与えましたが、機械化貧乏（赤字経営）をもたらしました。競争力の抜本的な強化にはつながりませんでした。現状の低生産性構造（分散錯圃など）を前提にした省力化投資だったからです。ちなみに、著者は、公務員時代、７年間にわたって農林水産業関係予算を担当し、日本農業の低生産性構造是正の議論に関与しました。

に、アベノミクス以前には、有効求人倍率は0・6といったもので人手不足などはありませんでした。人余りだったのです。それでも日本企業は、積極な投資は海外で行っていたのです。本来日本で行ってもいい投資を、その投資がうまくいかなかった場合に終身雇用制のせいで撤退が難しいというので、外国でとなっていたのです。

生産力を増強する投資だけでなく、実は、IT化によるコスト削減や合理化のための投資も、日本では十分に進んでいません。これは、学習院大学国際社会科学部の乾友彦教授が指摘されていることです。乾教授によりますと、IT導入の主要な目的は業務の合理化やコストの削減ですが、日本では高い雇用保障のために人員削減が難しい、それでは所期のコスト削減が期待できないということで、そのためのIT導入も見送られてきたというのです。[24] IT化の時代に、わが国では、IT化のメリットを生かす投資も、硬直的な労働市場のせいで進んでいないのです。[25]

投資が海外でばかり行われているというと、グローバル化の時代には、日本企業が国内に投資しなくても海外に投資すれば、国内の生産性向上にも役立っているはずだという反論が返ってきます。そのような調査結果があるからです。2013年の通商白書に紹介されている調査結果によりますと、より海外市場への進出を進展させている企業ほど高い生産性を示しており、またその生産性の上昇率も高い傾向にあるというのです。

しかしながら、この調査結果は個別の企業についてのものです。個別の企業についてみればその通りですが、日本全体としてみた場合にはそうはいきません。だから、日本の生産性の上昇は足踏みしているのです。

２０１２年の経済産業研究所による研究[26]では、海外進出する個々の企業の生産性が伸びても、日本全体では生産性が低下することが示されています。海外への直接投資に伴って相対的に生産性の高い国内の工場が閉鎖されており、それが日本の製造業全体の生産性を引き下げているというのです。生産性の高い工場が閉鎖されるというのは、一見、常識に反しているようですが、国内での競争上の制約のために、そうなっているのです。と言わ

24　日本経済新聞、経済教室　２０１７・６

25　平成30年度の年次経済財政報告書は、日本の事務補助員やサービス・販売従業者のような定型業務におけるＩＴ化が著しく遅れていることを指摘しています（ｐ１３９）。また、インターネットを通じて単発の仕事を不特定多数の人に委託するクラウド・ソーシングの分野においても、日本がその国際的な市場（ギグ・エコノミー）に、ほとんど参加していない可能性が高いことを指摘しています（ｐ１４９）。その背景について、山本勲氏は、長期雇用を前提とする日本的雇用慣行のある企業では、解雇に伴う費用が高いこと等を指摘しています（「労働経済学で考える人工知能と雇用」三菱経済研究所）。

26　１９９４年から２００５年にかけて毎年約１万事業所について分析した研究。Richard Kneller, Danny McGowan, Tomohiko Inui and Toshiyuki Matsuura, (2012) "Globalisation, Multinationals and Productivity in Japan's Lost Decade," *Journal of the Japanese and International Economics*, Volume 26, Issue 1。

図表13　国内工場の閉鎖と生産性の関係

		A社の海外進出	
		前	後
A社	工場１の生産性	30	30
	工場２の生産性	24	閉鎖
	A社の工場の平均生産性	27	30
B社	工場３の生産性	18	18
	工場４の生産性	12	12
	B社の工場の平均生産性	15	15
全工場の平均生産性		21（＝84/4）	20（＝60/3）

(注）各工場の規模は同じと想定。
(出所）清田（2015b)。

(出典）「イノベーションを通じた生産性向上に関する研究会」報告書、2018.3、財務総合政策研究所、p74

れても、ちょっとわかりにくいと思いますので、そのメカニズムを具体的な例でご説明します。[27]

図表13をご覧いただきたいと思います。国内に生産性が高いA社と生産性の低いB社があり、それぞれ2つの工場を持っているとします。生産性の高いA社が、自分の工場のうち生産性の低い方の工場2を閉鎖して、海外進出をした場合、A社の工場の平均生産性は27から30に上がります。しかしながら、国内の全工場の平均生産性は21から20に低下してしまいます。A社の工場2は、A社の中では生産性が低くても、国内の工場全体の中では相対的に生産性が高いからです。このケースが示しているの

は、個別の企業についてみれば海外進出によって生産性が上がるが、日本全体としては生産性が下がるということです。

Ａ社としては、海外進出するのではなく国内で工場１よりも生産性の高い工場を建設して、Ｂ社との競争に打ち勝っていくという選択肢もあるはずです。しかしながら、Ａ社は国内での競争上の制約からそうはしないのです。どういうことかと言いますと、わが国では雇用を守るために会社ができるだけつぶれないようにする政策がとられていますので、Ｂ社は赤字ぎりぎりになってもなかなか市場からは撤退しない可能性が高いのです。そうなると、Ａ社が国内に工場１よりも生産性の高い工場を作っても、国内で大きく収益を伸ばすことは難しいということになります。さらには、新たな工場１の建設が革新的な技術に基づくもので相当のリスクを伴う場合、その投資が失敗した時の撤退コストを考えれば、撤退コストが圧倒的に低い海外での投資をということになります。というわけで、Ａ社としては、国内の工場２を閉鎖して、海外に新たな工場を建設するということになるのです。その結果、Ａ社の工場２が閉鎖された分だけ国内の生産高も生産性も低下するので

27　日本経済新聞「経済教室」（２０１５・12・30）、清田耕造慶応義塾大学産業研究所教授。

図表14　TFPの国際比較

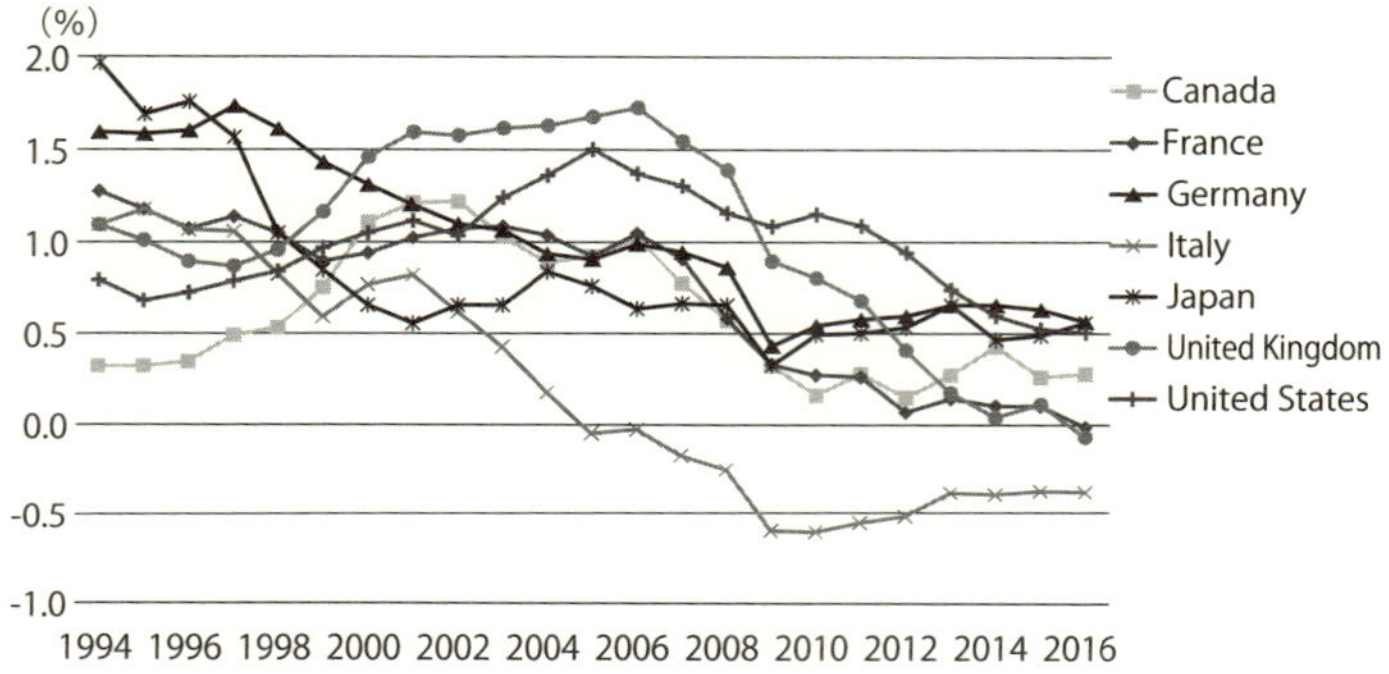

（出所）OECD, Multifactor productivity より筆者作成

（出典）「イノベーションを通じた生産性向上に関する研究会報告書」財務総合研究所、大橋弘、2018年３月、p5

す。A社は、海外進出によって生産性を向上させ、グローバル企業として発展していきます。A社が進出した国の生産性も向上し経済成長率も上がります。しかしながら、その分、日本の生産性は低迷し、経済成長率も低水準になってしまいます。[28] 本来、日本で行われてもいい投資が硬直的な労働市場のせいで海外で行われることになってそうなるのです。

このままでは科学技術も宝の持ち腐れ

日本が低成長になっているというと必ず出てくるのが、科学技術立国の原点に立ち帰って成長を底上げしていけばいいという話です。日本は優れた科学技術力を持っているのだから、それを活用していけばいいというわけです。図表14はＯＥＣＤ諸国の技術革新力（ＴＦＰ）[29]の国際比較ですが、各国とも下がり気味の中で、日本は米国やドイツと並んで最高水準を維持しているのです。

しかしながら、そのような技術革新力を持っているのに、日本の成長率は世界で最低水準になってしまっているのです。なぜなのでしょうか。

図表15は、主要先進国の研究開発効率を比較したグラフです。[30]左側のグラフからは、日本企業の対ＧＤＰ比の研究開発費（Ｒ＆Ｄ）が主要先進国の中で最も多い[31]のに、その付加価値の増大への貢献度（研究開発効率）が最低であることがわかります。右側のグラフからは、日本の研究開発効率が１９９０年には主要先進国の中で最高水準だったのに、今日（２０１０年）では最低水準になっていることがご覧いただけます。この間に何があったのかといえば、選択と集中の時代になって日本企業が国内に積極的な投資をしなくなった

28　この事例は、比較生産費説が成り立たなくなった世界で、企業の発展と国の発展が一致しないモデルケースと言えます。

29　ＴＦＰ（Total Factor Productivity、全要素生産性）とは、聞きなれない言葉かと思いますが、要はさまざまな形のイノベーションということで技術革新力です。

30　「世界経済の潮流２０１２」内閣府経済社会総合研究所

31　日本の研究開発費は、１９７０年代に国民所得比１・７％台だったものが、第１次オイル・ショック後に増加に転じ、１９８５年に２・77％と米国を追い越して今日の姿になっています（青木昌彦『日本経済の制度分析』p２４２）。

図表15　研究開発効率の国際比較

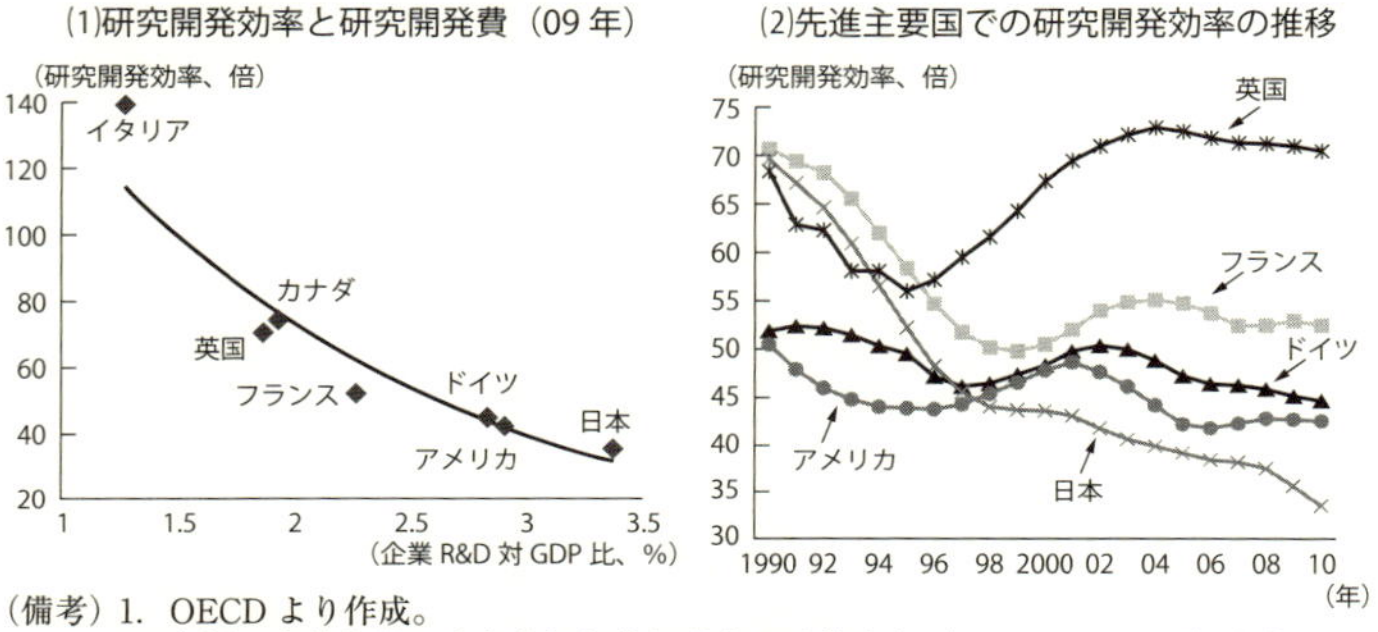

（備考）1.　OECD より作成。
2.　各国の企業部門の生産付加価値と研究開発費支出（PPP ドルベース）を使用。
3.　研究開発効率は、付加価値と研究開発費について後方５か年移動平均を取り、５年差の比を求めることで算出。

（出典）「世界経済の潮流2012」内閣府経済社会総合研究所

のです。

　科学技術力を経済成長につなげるのは投資です。いくら科学技術力があっても、それを成長に結びつける投資が行われなければ、成長には結びつきません。こんなことでは、日本が戦後営々と築き上げてきた科学技術力も宝の持ち腐れになってしまいます。ノーベル賞をいくらとっても、成長率は高まらないし、国民生活は豊かにならないのです。それは、日本がもはや、科学技術大国ではあっても、科学技術立国ではなくなっているということです。

　ここで注意していただきたいのは、そのことが日本企業にとって日本の科学技術力が宝の持ち腐れになっているということを意味しているわけではないことです。選択と集中の時代、企業にとってグローバルな競争に勝ち抜いていくためには強力な科学技術力が必須です。そして、足元で日本企業が国の発展をけん引しなくなっているといっても、今後のわが国の発展の中核を担い、大多数の日本人を雇用していくのが日本企業であることに変わりがないとすれば、日本が、日本企業を支援するために科学技術「大国」であり続けることは今後とも必須です。ただ、それが国民生活の豊かさにつながるためには、日本企業が科学技術力の成果としての投資を日本で行うような環境を整えて、日本を再び科学技術「立国」にしていかなければなりません。日本を、企業に選ばれる国にしていくことが必要なのです。

第2章

日本企業が日本に投資しないメカニズム

スウェーデンとの比較

日本企業が日本に成長につながる投資をしなくなっている、その結果、日本が低成長になっているとご説明してきましたが、本当にそうなのかとの疑問が出てきそうです。そこで、成長会計という手法によって、今日、世界で高い成長率を誇っている先進国としてよく取り上げられるスウェーデンとの比較で、本当にそうなっているメカニズムをご説明します。

経済成長には三つの要素が必要だとされます。①技術革新と②資本と③労働力です。成長会計は、その三つの要素が経済成長にどれだけ寄与しているかを分析するものです。図表16は、経済産業研究所の中島厚志理事長（当時）が2017年5月の講演で使われたものですが、日本とスウェーデンの2000年以降の成長に、それら三つの要素がどのように寄与したのかを示しています。[1] グラフの一番上に位置しているのが技術革新力（TFP緑色）、二番目が資本（赤色）、三番目が労働力（青色）です。二番目の資本（赤色）が、成長に結びつく投資がどれだけ行われたかを示しています。

図表16からすぐに見て取れるのは、2000年以降の日本の成長に資本の出番がほとんどないことです。2000年までの推移ということで図表17をご覧いただくと、1990

年ころまでは日本でも資本（黄色）が成長を牽引する大きな要素だったのが、1990年代の半ばから低下し、2000年代に入ると激減していることが見てとれます。山一證券が破綻して大手の金融機関が経営危機に陥った1997年の金融危機以降、三つの過剰が言われるようになり、積極的な投資がほとんど行われなくなったということに符合しています。[2] そして、図表16からご覧いただけるように、その姿は、その後、三つの過剰が解消され、2002年からいざなみ景気と言われて企業が史上最高の収益をあげるようになっても変わらず今日に至っているのです。[3]

図表16からもう一つ見て取れるのは、スウェーデンと比べて日本における労働力の成長への寄与度に大差がないことです。それは、少子化による労働力不足によって日本の成長

1　ドイツとの比較でも、同様のグラフになります（岩本晃一編『AIと日本の雇用』日本経済新聞出版社、2018、p249、図6－5参照）。

2　そのような流れの中でも例外的に積極的な投資戦略をとった企業はありました。例えば、シャープです。同社は2004年と2006年に三重県亀山市に巨大な液晶パネル工場を建設し、2010年には大阪府堺市に60インチサイズの大型液晶パネルを効率よく生産できる最先端の液晶工場と世界最大の太陽電池工場を完成させました。しかしながら同社は、2008年のリーマン・ショックとその後の円高で行き詰まり、台湾の鴻海（ホンハイ）グループの傘下に入りました。

3　最近、企業の設備投資意欲が高まっているとの報道が見られますが、ニッセイ基礎研究所の斎藤太郎調査室長は、それには否定的です（「設備投資意欲は実は高まっていない」週刊エコノミスト、2018・8・21）。

図表16　日本とスウェーデンの成長比較

RIETI

⑷社会システムで成長する

○世界経済が全体として良好な成長軌道に乗るには、イノベーションが新たな社会システムの創出定着につながることが不可欠。その観点から、イノベーションを成長につなげる社会システムの構築も必要

・福祉国家スウェーデンは、充実した社会保障、米国並みの市場メカニズムと人材育成でイノベーション力（高い生産性上昇率と経済成長）を発揮し、新興国並みの成長を実現（2015 年＋4.2%）。政府は、質の高い教育（公的教育支出の対 GDP 比は世界一）と積極的労働市場政策で人的資本を強化

・2000－12 年の経済成長の多くは設備投資（年平均寄与度＋1.5%、日本は＋0.3%）。人的資本向上もあって TFP（生産性）の寄与度も大。同期間の TFP の年平均 GDP 寄与度は日本＋0.5%に対してスウェーデン＋0.7%

【日本スウェーデン：成長会計】

（日　本）

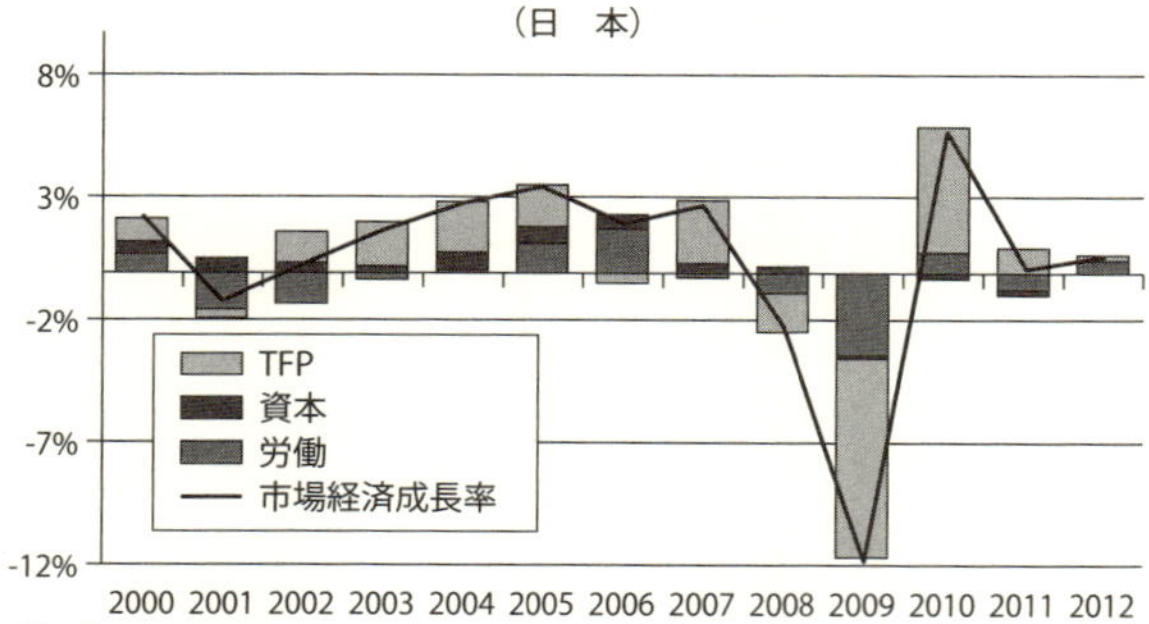

（出所）RIETI.JP

（スウェーデン）

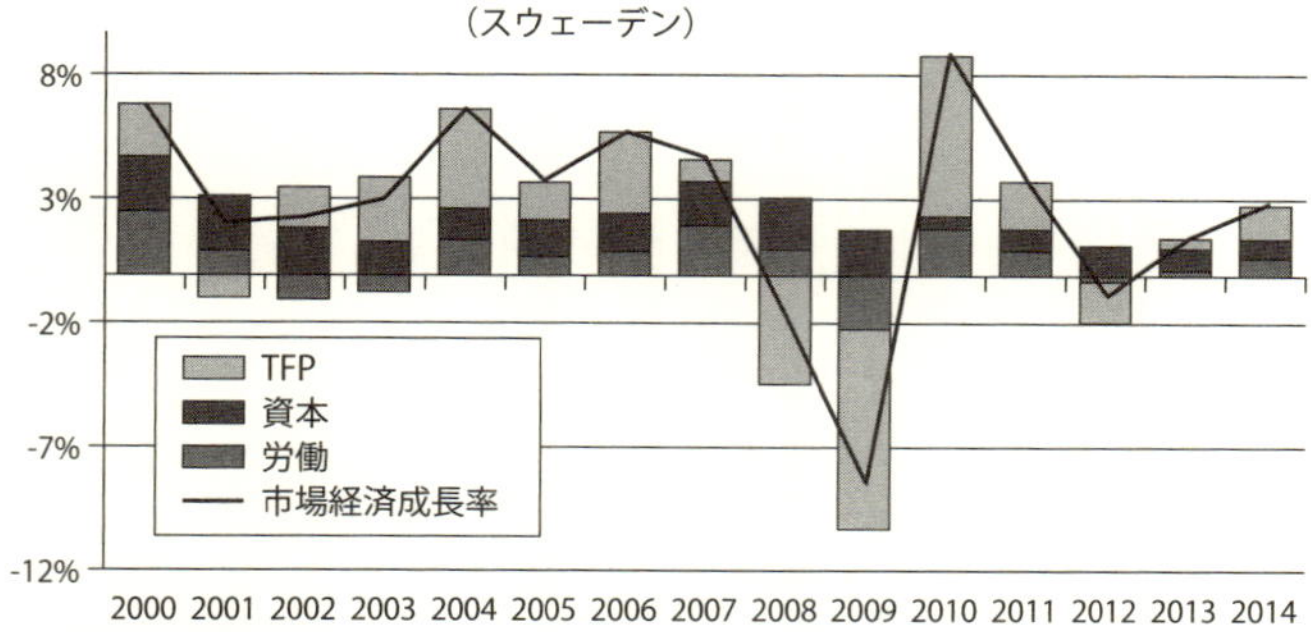

（出所）EUKLEMs

（出典）経済産業研究所、BBLセミナー、中島所長講演資料

の足が引っ張られてきたというようなことはないということです。2008年から2009年のリーマン・ショック時には、労働力が成長の足を大きく引っ張る姿になっていますが、それはスウェーデンも同じです。リーマン・ショックは、百年に一度とも言われる景気後退を世界中にもたらしました。欧米では1000万人前後の雇用が失われました。[4]日本でも残業がほとんど行われなくなりました。この時期は労働力不足が成長の足を引っ張っていたのではなく、世界的な景気後退によるマイナス成長が労働力の縮小をもたらしていたのです。[5]

アベノミクスが登場するまで、わが国の有効求人倍率はおおむね1以下でした。[6]就職氷河期と言われた1999年やリーマン・ショック後の2009年には0・5を下回り、若い人は就職するのが大変でした。経済が十分な雇用を生み出すだけの成長をしなければ、少子化でいくら労働人口が減っていても就職氷河期といった状態になるのです。逆に、経

4　マーヴィン・キング『錬金術の終わり』p60
5　図表17で観察される2000年から2002年にかけての労働投入量低下に伴う成長率低下も、労働力不足によるものではありません。当時は、就職氷河期と言われていました。やはり、景気後退による成長率低下が労働力の縮小をもたらしていたのです。
6　2006年と2007年に1を上回りましたが、1・06と1・04というものでした。

図表17　日本の成長会計（1970-2002）

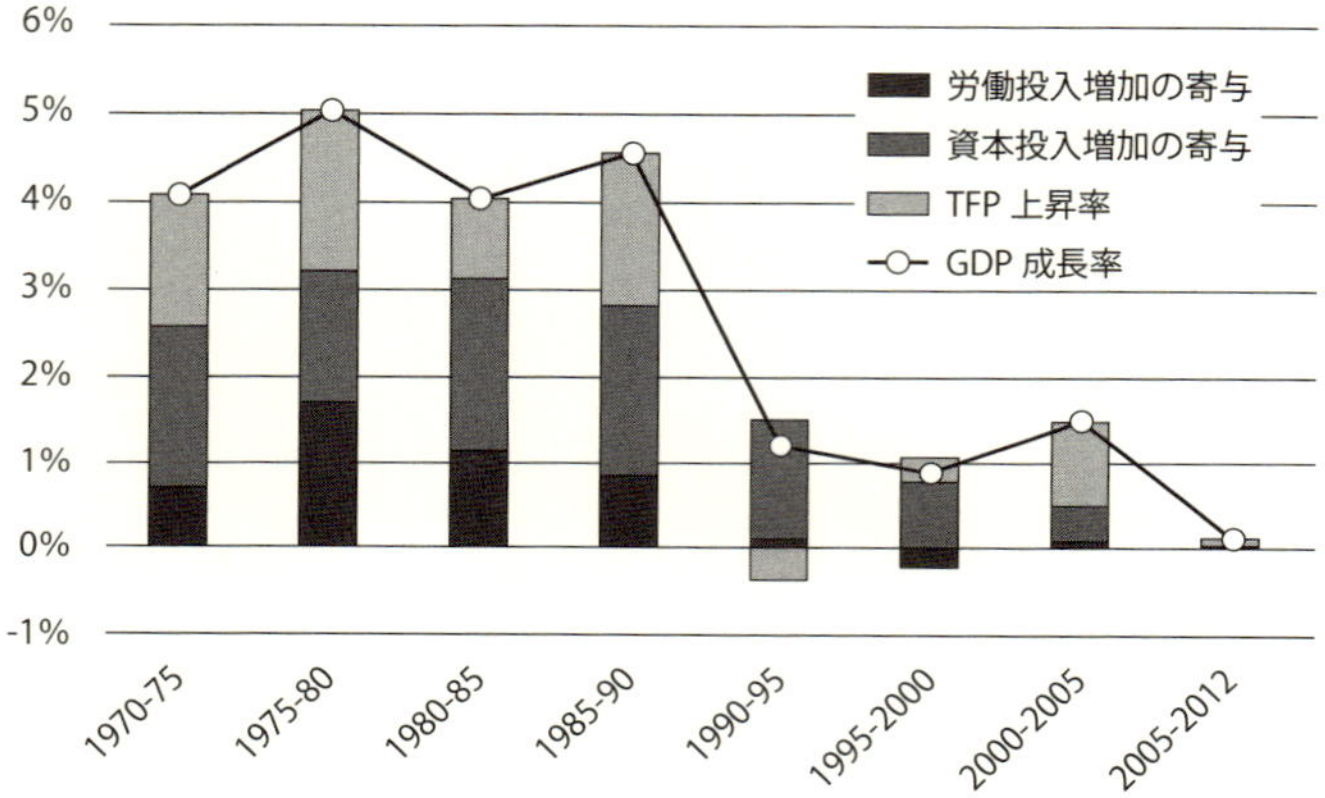

（出所）経済産業研究所「JIP データベース 2015」

図表18　日本の人口と経済の推移

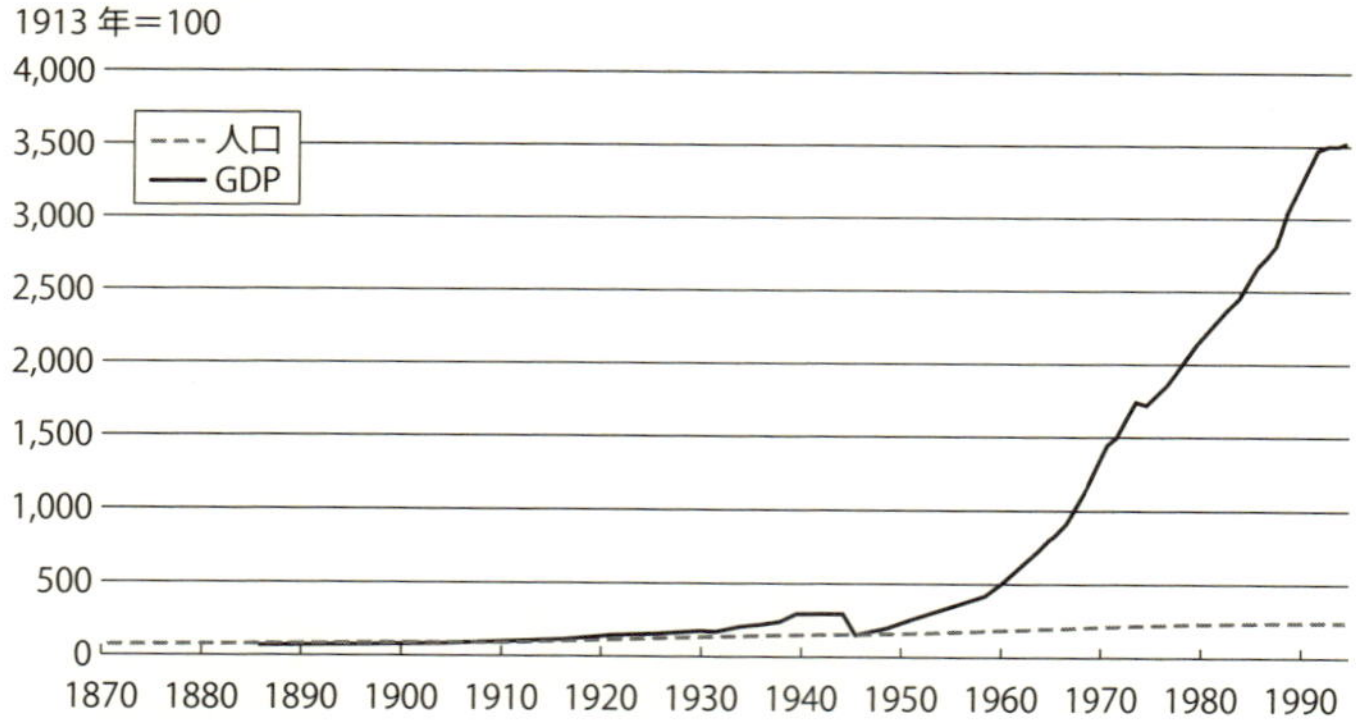

（出所）Maddison, A.（1995）, Monitoring the World Economy 1820-1992, Paris：OECD

（出典）吉川洋『人口と日本経済』、中公新書、2016

済が成長していれば、いくら子供が増えていても人手不足になります。戦後の高度成長期後半には、ベビー・ブームで働き手も随分と増えましたが、それでも人手不足でした。[7] その人手不足の中で達成されたのが、わが国の高度成長でした。[8] 人手不足が成長の足かせにならないことは、高度成長の時代を思い起こせば明らかです。[9] 日本経済は、高度成長期以降も、労働人口の伸びをはるかに上回る成長を達成してきました（図表18参照）。[10] それが1990年代以降、急ブレーキがかかっているのです。なお、経済学的には、人手不足は希少になる資源である労働力の価値（賃金）や労働生産性の上昇をもたらすはずです。[11] 高

7　当時の人手不足を補うために行われたのが、地方からの集団就職でした。最近の人手不足は、女性や高齢者が働きだすことによって補われています。わが国の高齢者の労働参加率は、国際的にみて非常に高い水準になってきています（平成30年度年次経済財政報告、p157）。

8　実は、高度成長期には資本も不足していました。そこで行われたのが、世界銀行からの借款です。当時の日本は、世界銀行からの最大の借り入れ国でした。東海道新幹線も東名高速道路も、世界銀行からの借款で建設されたのです。

9　サービス産業化によって、生産性の低いサービス産業の比率が上がるので低成長はやむを得ないという説がありますが、そもそもの問題は、わが国のサービス産業の生産性が低いことです。わが国に限らず先進国ではサービス産業化が進んでいるのに、わが国だけが低成長なのです。

10　日本と並ぶ人口減少大国であるドイツでは、人口減少で経済がゼロ成長になるといった意見は有識者からは聞かれないとのことです（２０１８・４・23、読売新聞）。

11　経済学的によく言われるのは、労働供給の増加が資本希釈効果（capital dilution effect）によって賃金の低下に結びつくという逆の話です。

度成長期はそうでした。ところが、今日、そうなっていない。賃金も労働生産性も停滞しているのが、今日のわが国の姿なのです。[12] 人手不足以外の問題で、低成長がもたらされてきたからです。

ちなみに、少子化対策で子供たちの数が増えても、その子供たちの活躍によって日本の成長率が引き上げられるのは20年ほども後の話です。子供たちが社会に出て働きだすまでは、生産活動に従事しないからです。それまで、日本の低成長を少子化のせいにして放置しておくのはとんでもないことです。少子化で少なくなった子供たちが働きだす20年後までに、日本を活力のある経済にしておくことが、今日の大人たちの責任と言えましょう。

そんなことを言っても、日本の潜在成長率は低いので、それを他の先進国並みにするのは無理だという議論が出てきそうです。でも、そんなことはありません。まずもって、潜在成長率などと言われると、日本の持っている本来の成長力のように思ってしまいますが、潜在成長率とはそんなものではありません。潜在成長率とは、その時々の成長率のトレンドとして計算されるものです。だから、成長率がゼロ%台前半だったアベノミクスの前には0%台の前半と計算されていたのです。成長率が若干向上した今日では、1%程度と計算されていますが、西欧先進国に比べればまだ1%ほども低い水準なのです。[13] 今日の低い潜在成長率は、現在の低い成長率を前提にして計算されている数値にすぎないのです。[14]日本経済の本来の実力を示すものではないのです。日本の成長の制約要因になっている構造上の問題を解決すれば、引き上げられるはずのものなのです。そうなれば、トレンドとして計算される潜在成長率も上昇します。逆ではありません。

ところで、経済成長には①技術革新と②資本と③労働力の三つの要素が必要だとご説明しましたが、そこに消費が出てこないことに疑問を持たれた方がいらっしゃるかもしれません。内需主導の成長などと言うのだから、経済成長には消費が重要なはずだ。ＧＤＰの６割を占める消費がＧＤＰを伸ばすために大切だと言われているではないか。そもそも、

12　少子化で低成長はやむ得ないということを、いかにも納得させる理論に、人口オーナス論（労働人口比率低下等の要因で低成長になる）があります。人口オーナス期に成長率が下がるのはその通りですが、そこから図表3や図表6で示されているわが国とのユーロ圏の国々との成長率の差は説明できません。ユーロ圏諸国も程度の差はあるものの、わが国と同様に人口オーナス期に入っているのです。

13　１％と聞くと小さいように思われるかもしれませんが、そんなことはありません。わが国のＧＤＰは約５５０兆円ですから、１％ということは毎年５・５兆円もＧＤＰが伸びないということです。

14　もう少し専門的に説明しますと、潜在成長率は、需給ギャップがなくなった状況（資源をフル活用した状況）を仮定して計算されるものです。「現状」の①技術革新と②資本と③労働力の３要素をフルに利用したと仮定した場合に達成される成長率です。そこには、今後、成長を加速化させる革新的な技術や生産構造の変革によって新たに活用されうる資本や労働力は織り込まれていないのです。

アベノミクスで賃上げを重視しているのも、成長につながる消費を伸ばすためではないのかというわけです。

その疑問への答えは、景気回復のためには消費が大切だが、経済成長には消費は関係ないということです。[15] だから、成長会計に消費は登場してこないのです。経済が成長するから賃金も伸び、賃金が伸びるから消費も伸びるのです。その逆ではないのです。[16] ただ、不況から回復すれば、その過程で経済は拡大します。その局面では消費が経済成長に貢献しているように見えます。しかしながら、それは消費が景気「回復」をけん引しているのであって、経済「成長」に貢献しているのではありません。

そう言われても、やはり腑に落ちないという方がいらっしゃると思いますので、少し専門的になりますが、GDP（国内総生産）という面からもう少しご説明します。通常私たちが目にするGDPは支出面から見たものですが、GDPにはその他に生産面から見たものと分配面からみたものがあります。[17] 支出面からみたGDPは、①消費と②投資と③政府支出と④輸出（純輸出）の四つの項目で構成されており、そこに消費が登場します。しかしながら、生産面からみたGDPは、成長会計のところでご説明したとおり、①技術革新と②資本と③労働力によって伸びていくもので、そこには消費は登場しないのです。

景気回復局面では、支出面からみたＧＤＰが注目されます。不況期には供給力は十分にあるのに不況のせいで需要が落ち込んで経済活動が本来あるべき水準よりも下がってしまっています。そこで、それを本来あるべき水準に引き戻すために、景気回復させるために、支出面からみたＧＤＰの構成要素である消費や政府支出や輸出がメイン・プレーヤーとして登場してきます。それを理論づけたのが、ケインズなのです。そこで、ＧＤＰの6割を占める消費が大切だ、いや企業の生産活動に直接効いてくる輸出の方が大切だといった議論になるのです。消費や輸出は、そのように景気回復を牽引しますが、経済成長をもたらすわけではないのです。

しかしながら、経済成長による経済活動水準の上昇と景気回復による経済活動水準の上

15　「景気回復」と「経済成長」は、区別せずに用いられる場合が多いのですが、「経済成長」が、本来あるべき経済活動の水準自体を向上させるものであるのに対して、「景気回復」は、経済が本来あるべき活動水準を不況で下回っているときに本来の水準まで回復させることです。

16　ケインズも、消費拡大といったケインズ的な政策で経済を成長させることはできないとしていました。

17　生産面から見たＧＤＰは、ある国におけるさまざまな生産部門によって生産される財、サービス（付加価値）の合計です。分配面から見たＧＤＰは、そのように生産された財、サービスが、ある国の経済主体である家計と企業と政府にどのように分配されるかを分析します。支出面からみたＧＤＰは、そのように分配された財、サービスがどのように支出されるかを分析します。これら三つのＧＤＰは、当然のことながら、いずれも同じ値になります（三面等価の原則）。

図表19　実質GDPの成長率寄与度の推移（前年度比：%）

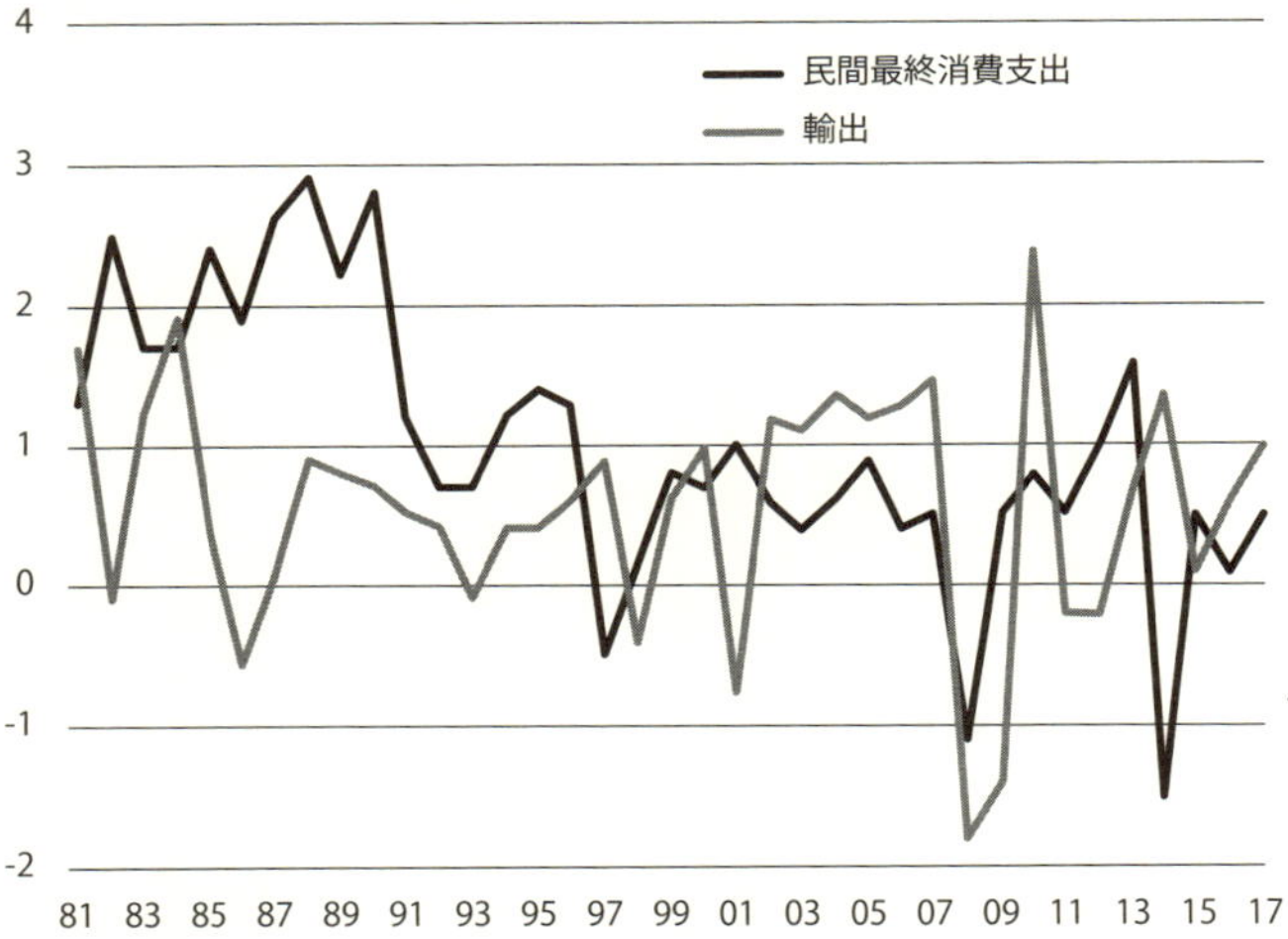

（出所）内閣府

（出典）第一生命経済研究所作成、2018.4.11

昇を区別することは容易ではありません。実際の経済においては両者は混然一体になっています。そこで、図表19のように、消費と輸出がどれだけ成長に寄与しているかといった分析が行われ、いかにも消費や輸出が本来の経済成長を牽引しているように思われてしまっているのです。

ちなみに、図表19からは、1990年ころを境として、消費のGDP成長率への寄与度が2%強から0・5%程度へと大きく下がっている姿がご覧いただけます。この低下が示しているのは、これまでの説明からおわかりいただけるとおり、世界の生産構造に適応できなくなった結果、日本企業が日本に投資しなくなり、労働生産性が伸びなくなって賃金が伸びなくなった。その結果、消費も伸びなくなったという姿です。逆ではありません。図表2でご覧いただいた1990年ころからの労働生産性上昇の急減に伴なう所得の伸び悩みが消費の伸び悩みをもたらしたのです。[18]ところが、消費が経済成長を牽引すると思い込んでいるエコノミストの中には、相変わらず消費を刺激して経済成長を引き出せばいいという議論をする人がいます。しかしながら、そんなことをしても、日本の成長力は高まらず、それを財政赤字頼みで行なうと孫子の世代へのツケが増えるばかりになってしまいます。[19]

国が成長しなければ賃金も上がらない

ここまでお読みいただいた読者には説明の必要もないかもしれませんが、ここでもう一度、国の経済が成長しなければ賃金も伸びないということを確認しておきます。図表20

18　この間わが国のGDPに消費が占める割合は約6割でほとんど変わっていません。
19　財政赤字で消費刺激策を行えば、どんな経済状況でも当面の景気は良くなり成長率も高まります。しかしながら、不況期でもないのにそのような政策を行うことは、経済に財政バブルを創り出すことです。バブルははじけた後には何も残りません。それは子供たちに借金を残すだけになってしまいます。

図表20　主要景気拡大期間の成長比較

	平均成長率（年率）		経済規模変化	雇用者報酬	
	実質GDP	名目GDP		平均増加率	変化
① 岩戸景気（58/7～61/12：42ヶ月）	10.5%	17.8%	1.85倍	15.1%	1.69倍
② オリンピック景気（62/11～64/10：24ヶ月）	8.7%	14.8%	1.37倍	15.3%	1.38倍
③ いざなぎ景気（65/10～70/7：57ヶ月）	10.9%	16.5%	2.14倍	16.0%	2.10倍
④ 列島改造ブーム（72/1～73/11：23ヶ月）	6.3%	16.9%	1.37倍	19.0%	1.42倍
⑤ バブル景気（86/12～91/2：51ヶ月）	5.1%	6.8%	1.35倍	6.3%	1.32倍
⑥ いざなみ景気（2002/2～08/2：73ヶ月）	1.7%	0.4%	1.03倍	0.0%	1.00倍
⑦ 今回の景気（12/12～）	**1.5%**	**2.2%**	**1.12倍**	**1.8%**	**1.09倍**

（注）経済規模変化は、当該拡大期間における名目GDPの変化
（出典）第一生命経済研究所、2018.4.11

は、戦後の景気拡大期の成長を並べたものですが、真ん中の欄に示されている経済規模の変化と一番右の欄の雇用者報酬の変化が、ほとんど連動している姿をご覧いただけます。1960年代の「①いざなぎ景気」では、経済規模の変化が2・14倍で雇用者報酬の変化が2・10倍だったのに対して、2000年代の「⑥いざなみ景気」では、経済規模の変化が1・03倍に落ちて雇用者報酬の変化も1・00倍に落ちています。経済が成長しなくなった分だけ、賃金も伸びなくなったのです。

1991年のバブル崩壊後、日本経済は世界で最低水準の経済成長率を記

録するようになりましたが、そのような中でも２００２年から始まった「⑥いざなみ景気」は、73か月もの戦後最長の景気回復期となり、多くの企業が史上最高の収益をあげるようになりました。そこで、今日と同じように、賃上げをして消費を拡大して景気を押し上げるべきだという議論が行われました。ところが、それに対して企業サイドから言われたのは、儲かっているのは海外だ、国内で儲かっているわけではない。だから、国内で賃上げをするわけにはいかないということでした。国内で儲かっていない、生産性を上げていない企業は、国内で賃上げをするわけにはいかなかったのです。仮に賃上げをしたとしても、国内の生産性が向上していない以上、コスト・プッシュ・インフレになって、実質賃金は伸びなかったはずです。

スウェーデンの成長の秘密

日本経済が１９９０年代に入って成長率を落としてしまった、その最大の要因が終身雇用制というわが国の硬直的な労働市場のせいだという話をしてきました。レイオフが当たり前に行われる米国の労働市場が流動的なのは良く知られていますが、スウェーデンの労働市場も流動的だということはあまり知られていません。実は、その点に最近のスウェーデンの高い成長率の秘密があるのです。ここで、先ほどはご紹介しなかった図表16の成長会計の説明の部分をご覧いただきたいと思います。そこには、「福祉国家スウェーデンは、充実した社会保障、米国並みの市場メカニズムと人材育成でイノベーション力を発揮し、新興国並みの成長を実現している」とあります。この記述のうち「充実した社会保障」で「新興国並みの成長を実現している」というのは、日本の感覚ではちょっと理解しがたい記述です。実は、この記述の中にスウェーデンの成長の秘密があるのです。

その秘密とは、スウェーデンの「充実した社会保障」が、流動的な労働市場を下支えするという形で選択と集中のための投資を担保しているというメカニズムです。どうしてそうなるかは、企業の従業員の観点に立ってみればわかります。企業が選択と集中を行うと、相当数の従業員が解雇されることになります。スウェーデンの「充実した社会保障」は、そのような場合に解雇された従業員が、本人の努力しだいでキャリアアップし、より高い所得を得ていくのを助けているのです。それによって、選択と集中の時代に、企業が発展し、同時に従業員もより高い所得が得られるようになるというウィン・ウィンの関係が創り出されているのです。

もう少し具体的にご説明しますと、スウェーデンでは、失業しても学びなおしをして前の仕事よりも条件のいい仕事に就くことが普通に行われています。その際、たちまち生活に困ることなく、じっくりとキャリアアップしていけるのです。わが国で失業者が通うような職業訓練の仕組みが質量ともに充実しているだけでなく、そのような職業訓練を受ける、あるいは大学で学びなおす期間、充実した社会保障が生活をしっかりと支えてくれるのです。そういった仕組みになっていますので、スウェーデンの国民には企業が選択と集中で工場を閉鎖して解雇されることへの抵抗感がないのです。その反面として、企業が選択と集中による投資を思い切ってできるのです。そして、高い成長率を実現しているというわけです。

大学が、そのようにキャリアアップに登場してくることは、わが国の感覚ではよくわからないと思いますので、ここで、スウェーデンの大学教育をご紹介します。スウェーデンでは、高校を卒業してすぐに大学に入学するのは一般的ではありません。大学教授になりたい、研究者になりたいというような人はすぐに大学に進学しますが、それ以外の多くの人は、まずは就職して働きます。そして、自分はこれがやりたいということが見つかったと

20　2005年の高校卒業者8万3000人に対して大学が受け入れた新入生が14万2400人だったことが、そのような実態を反映しています。

ころで大学に入学して、やりたいと思う分野の専門知識を身に着けて再就職するのです。そのようなことを何回か繰り返す人もいます。[20] それは、スウェーデンの大学教育が、日本のように社会人になる前に受ける、義務教育からつながった一貫した教育というのではなく、高校を卒業していったん社会人になった人がキャリアアップするために受ける職業教育という位置づけを強く持っているからです。それは、選択と集中の時代になって、仕事を変わらなければならなくなった場合に、いつでもキャリアアップのために戻ってくることが当たり前にできる教育になっています。

そのようなスウェーデンの大学で教える科目の多くは、社会ですぐに役立つ実学です。目の前の問題に対して、その問題を解決するために何をしなければならないかを考える実学志向が徹底しているのです。ですから、企業の選択と集中で解雇されても、大学に戻って学びなおし、より高い給料の職に就くことも珍しくないのです。そしてそのことが、選択と集中の時代に、社会全体としての格差があまり拡大しないという結果をもたらしています。それは、次に見る米国との大きな違いを生んでいます。

そのような機能を果たしている大学が、日本にどれだけあるでしょうか。ちなみに、日本の大学はヨーロッパではまるで大人の幼稚園だと酷評されることもあるといいます。とにかく定員を満たすために学力は後回しにして学生を集め、あまり勉学もさせないうちにところてん式に社会に送り出しているところもあると聞きます。筆者と同じスタンフォード大学ビジネス・スクールに学び、現在、経営共創基盤という会社で企業価値・事業価値の向上のためのコンサルティング業務を行っている冨山和彦さんは、そのような日本の大学に批判的です。冨山さんは、日本の若者の学力のピークは19歳で、そこから4年間使って下がっていく、そんな大学はいらない、実業学校にしてしまえという過激な主張をしています。[21] スウェーデンの大学の現状からすれば、冨山さんの主張には、日本が成長するための高等教育の在り方として、耳を傾けるべきところがありそうです。[22]

米国の成長メカニズムとその問題点

スウェーデンの話をしていきますと、でもスウェーデンは大きな政府だから、そんな国の高成長が長く続くはずはないという反論が必ず返ってきます。かつては、大きな政府の国の成長率は下がってしまう、小さな政府の国の方が成長率は高くなるとされていたから

21　読売教育ネットワーク、異見交論、Vol・42、2018・4
22　ドイツ、米国の大学におけるIT教育については岩本晃一編著『AIと日本の雇用』pp218–231参照

図表21　国民負担率と成長率の関係（1990-2008）

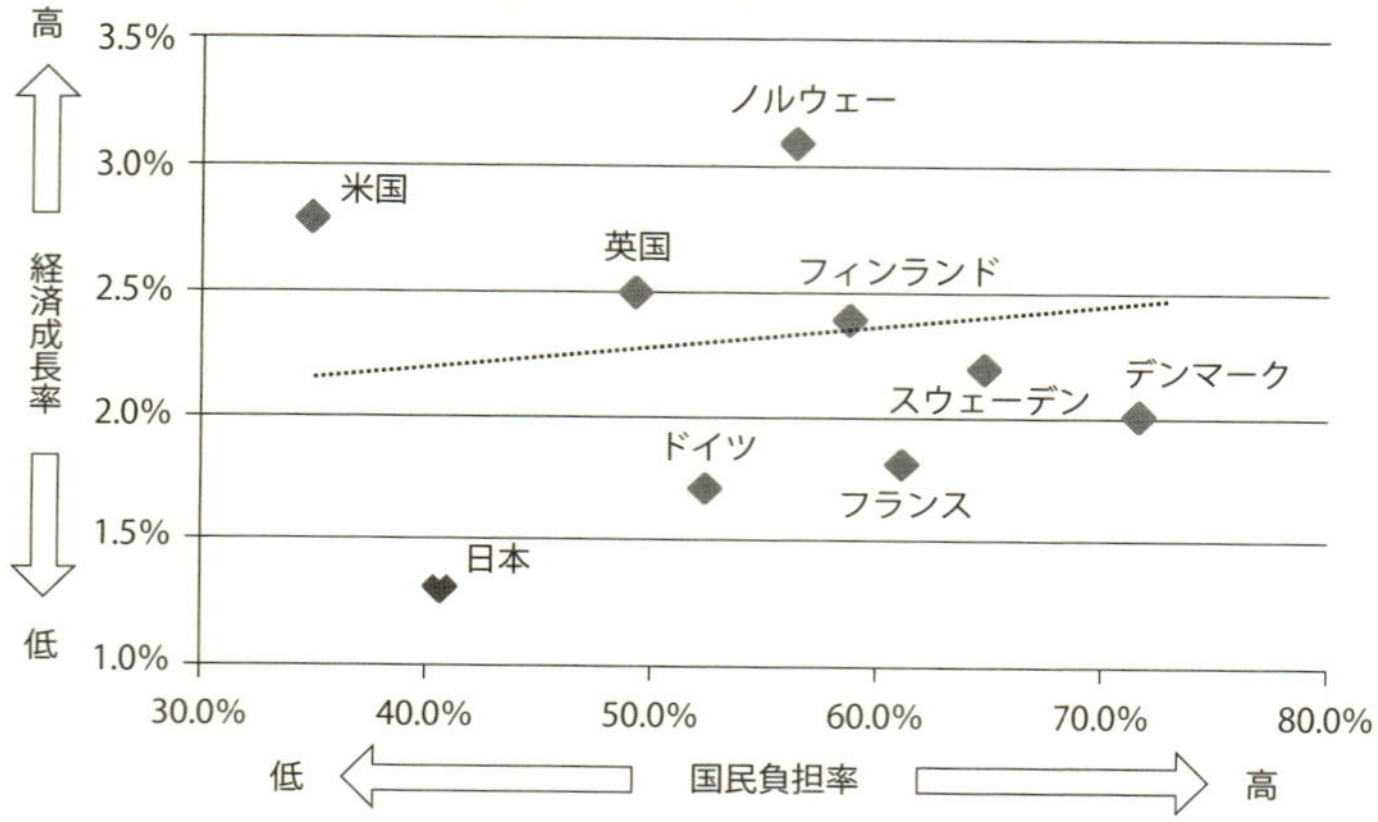

※「国民負担率」：OECD による最新の実績値（出典：財務省）。値は対国民所得比で、財政赤字を含まない。
※「経済成長率」：1990 年から 2008 年までの平均成長率（出典：国連統計）

（出典）香取照幸『教養としての社会保障』東洋経済新報社、2017、p147

です。実際、スウェーデンも１９８０年代には政府が大きくなりすぎて成長率を落としています。鉄の女と言われたサッチャー首相が英国で登場し、米国でレーガン大統領によるレーガノミクスが行われていた時代のことです。

しかしながら、それはかつての話です。そのように言われていた世界は、今日、大きく変わっています。１９９０年代からのＩＴ化による生産構造の激変によるものです。

図表21に、その大きく変わった世界の姿が示されています。横軸に国民負担率、縦軸に経済成長率をとっ

ていますが、小さな政府の国である米国と並んで大きな政府の北欧の国々が、ドイツやフランスの成長率を上回っている姿がご覧いただけます。そして、日本だけが低成長に甘んじているのです。選択と集中の時代に国の成長率を決めるのは、政府が大きいか小さいかではなく、企業が選択と集中をしやすい仕組みを持っているかどうかなのです。

それにしても、なぜ、かつては小さな政府の国の方が成長率が高くなるとされていたのでしょうか。それは、人々がそれほど転職しなかったからです。かつては、日本以外の国においても人々はいったん就職したらその企業に最後まで勤めるのが普通でした。米国以外の国では、みんなそうだったのです。今日のように、企業が選択と集中を頻繁に行うようになり、そこから失業者が当たり前のように出てくるということがなかったのです。ということは、そのようにして失業した人たちがより生産性の高い企業に転職していくことを支える仕組みの出番もほとんどなかったということです。それは、そのような仕組みによって経済成長率が高まるということもなかったということです。そのような時代には、大きな社会保障制度や教育制度は、経済成長にとっては負担でしかありませんでした。そこで、小さな政府の方が成長率が高くなっていたのです。

ところが、今や、その絵が大きく変わっています。２０１１年に米国労働省が出した報告書では、今日小学校に入る生徒が就職するころには、65％の仕事は今日存在していない仕事になっているといいます。日本でも、２０１６年に野村総合研究所が出したレポートでは、今後10～20年のうちに、ＩＴ化の影響で、49％の仕事がなくなる可能性があるとしています。そのように人生の途中で仕事を変わるのが当たり前の世界になると、転職する労働者がキャリアアップできる仕組みを持っている国の成長率が高くなっていくというわけです。

そのような中で、高い成長率を誇っている小さな政府の国の代表が米国で、大きな政府の国の代表がスウェーデンと言えましょう。それぞれを、米国型、スウェーデン型ということができると思います。とすれば、日本はこれまで小さな政府でやってきましたから、お手本としては小さな政府の米国型でいいではないかということになりそうです。図表21の左下の現在の位置から、左上の米国の位置に行けばいい、それなら低い国民負担率のままでいけるというわけです。それも一つの選択肢です。いや、国民が今以上の負担を受け入れるのはいやだ、とにかく小さな政府のままでいたいということになれば、好むと好まざるとにかかわらず、そうなっていきます。

しかしながら問題は、米国の現状を見た場合に、それでいいのかということです。米国は、極端な格差社会になっているからです。米国の労働市場は流動的で企業が選択と集中をしやすいものになっており、それが米国の経済成長を支えています。しかしながら、そこで解雇された人々がキャリアアップできるような仕組みにはなっていません。転職した労働者の所得が増える仕組みになっていないのです。経済が発展し、極端なお金持ちが登場してくる中で、普通の米国人の所得が増えない。その結果、極端な格差社会になっているのです。格差を嫌う日本では、そのような社会になることは良しとされないのではないでしょうか。

米国型とスウェーデン型と、どちらがいいかを考えるために、ここで格差社会になっている米国の実情を見ておくことにします。

ＩＴ化によって、世界中のどこで何でも生産できるようになったとお話ししましたが、実は、その生産構造の変化を最も生かしているのが米国です。ＩＴ化によって企業が製品を作る工程のほとんどが組み合わせ自由になりました。[23] そのような中で、米国は、そもそも経営者や労働者についても組み合わせ自由な仕組みを持っていました。まず、経営者で

23　松元崇『リスク・オン経済の衝撃』（日本経済新聞出版社、２０１４）pp21－22参照。

言えば、米国企業の経営幹部は、基本的にビジネス・スクールやロー・スクールを卒業した人たちが、企業を渡り歩きながら偉くなっていきます。米国企業の経営幹部は組み合わせ自由なのです。労働者も、いつでも経営者の都合で解雇されるレイオフが当たり前というように組み合わせ自由です。そして経営スタイルも、かねてからM&Aを積極的に行ってきたというように組み合わせ自由でした。それらの仕組みと、IT化によってもたらされた製造工程の組み合わせ自由な仕組みがピッタリと適合して、米国の力強い成長がもたらされているのです。

では、力強い成長がもたらされているので、万々歳かと言えば、そんなことはありません。米国では、企業による選択と集中の結果、レイオフされた従業員が転職する場合、労働市場が流動的ですから次の仕事を探すことはそれほど難しくはありません。しかしながら、キャリアアップをサポートする仕組みがしっかりしていませんから、給料が上がることはほとんどないのです。ということは、選択と集中の時代に、国全体としては高い成長率を誇ることになっても、その成果を享受するのは、選択と集中を成功させた企業の株主と経営者、さらにはそれを支えるウォール・ストリートの関係者だけということになります。一般の国民にはその成果はほとんど回ってこないのです。

米国の経営者の所得は、かつては考えられなかったほどの高額になっています。１９６５年に平均的な社員の約20倍だった米国のＣＥＯ（社長）の報酬は、２００５年には２００倍以上に、大企業については３３０倍以上になっています。[24] 選択と集中の時代にぴったりと適合した仕組みを持っている米国、その立役者は経営者ということで、米国の経営者たちの所得はどんどん上がっています。しかしながら、その結果、米国では国が大きく成長すればするほど極端な格差社会になってしまっているのです。

そんな米国では、リーマン・ショック後の２０１１年に、「ウォール・ストリートを占拠せよ」という運動が起こりました。一般の人々が豊かになっていない中で、お金持ちだけが一層豊かになっている実態が明らかになったからです。２００７年時点で、上位１パーセントの人が米国の全資産の34・６パーセントを持っていることが明らかになりました。99％の人がそれ以外ということで、「我々は99％だ（We are 99％）」というスローガンの下に、ウォール・ストリートを占拠せよという運動が起こったのです。激しい格差社会になったことに人々が怒りの声を上げたのです。

24 『悪い奴ほど出世する』p２２３。日本の社長の給与は、最高級ブルーカラー従業員の６～８倍程度です（『日本経済の制度分析』p２６２）。

そのような状況を背景に、２０１６年の大統領選挙では、それまでの米国では考えられなかったような展開がみられました。共和党は、本来大企業寄りの政策を打ち出すことが多く、企業に有利な自由貿易を主張してきました。ところが、その共和党の候補になったドナルド・トランプは、労働者を守るためにということで保護貿易を正面に掲げたのです。民主党からは、最低賃金の引き上げなど数々の格差是正のための主張を掲げ、民主社会主義者を自認するバーニー・サンダース候補が出てきました。自由主義経済の総本山である米国で社会主義を標榜する大統領候補者が出てきたのです。

仕事がなくなればすぐにレイオフされるのが当たり前という米国社会は、従業員を生産の一要素としてしか考えていません。それは、従業員を家族のように考え、戦後にはその理想形ともいえる終身雇用制を創り上げてきた日本社会とは大きく異なります。米国は、アメリカン・ドリームが生きている国、移民の国ですから、それでいいのかもしれません。経営者と従業員の格差も、底辺にいる人々がトップに立つ経営者になれるという仕組みがある限り、これまでは問題ないとされてきました。現に、米国では、「丸太小屋からホワイトハウスへ」という格差是正の神話が今日でも生きています。今日の米国の発展の大きな原動力は、カリフォルニアのシリコンバレーなどで起業したベンチャー企業たちです。頭文字をとってＧＡＦＡ（グーグル、アップル、フェイスブック、アマゾン）などと言われますが[25]、それらのベンチャー企業の経営者の顔ぶれを見ると、その多くは移民してきた人たちやその子供たちなのです。グーグルのセルゲイ・ブリンはロシア系の移民です。アップルのスティーブ・ジョブズはシリア系移民の子供です。アマゾンのジェフ・ベゾスはキューバ系移民の子供です。フェイスブックやオラクル、クアルコムといった企業の創業者たちの多くも移民や移民2世なのです。まさに、丸太小屋からホワイトハウスなのです。

しかしながら、そのような米国でも、「ウォール・ストリートを占拠せよ」という運動が起こり、さすがに今日のような格差社会は問題だとされるようになっているのです。ましてや、丸太小屋からホワイトハウスという神話のない日本で、今日の米国のような極端な格差社会を良しとする人はいないでしょう[26]。となると、わが国としては、米国型ではな

25　ＧＡＦＡ４社の時価総額は３００兆円を超えています（２０１８年11月末）。それは、日本の東京証券取引所の時価総額の半分にも相当する額です。

26　そもそも、わが国の小さな政府と米国の小さな政府とは全く異なるものです。わが国の小さな政府は、社会保障や職業教育を企業に丸投げすることによってできあがったもので、実質的には相当に大きな政府です。それは、格差の少ない社会の実現とともにできあがってきたものです。

くスウェーデン型、選択と集中で国が発展する際に転職を余儀なくされる人が出てきても、本人の努力次第で所得が上がり格差が拡大しないように国がしっかりと支援する社会をめざすべきだと思われます。

１９９０年代以降、低成長に苦しむようになった日本で、企業が力を入れるようになったのが、雇用コストをできるだけ抑制することによる収益の確保でした。その柱となったのが非正規社員の活用でした。そして、それによって生み出されたのが、１９９３年から２００４年にかけての就職氷河期という時代でした。「この国には何でもある……だが、希望だけがない」[27]と言われるようになったのです。企業が人員削減を進める中で、仕事がなくて住居も持てないので、安い料金で過ごせるネットカフェを利用する「ネットカフェ難民」と呼ばれる人たちが登場してきました。働いても貧困線（年収２００万円）以下の所得しか得られないワーキング・プアと言われる人たちが、２００６年には１０２２万人に達しました。そのような中で、若者の自殺率が上昇し、交通事故などの不慮の事故を抜いて死因の第1位になりました。[28]非正規では結婚しても子供も持てない人生が待っていると言われるようになり、第一生命保険株式会社が毎年募集しているサラリーマン川柳（２０１１年2月）では「何になる、子供の答えは正社員」とうたわれるようになりました。

現在、当時のことを思い出すと何か夢でも見ていたような気になります。しかしながら、就職氷河期に正社員として就職できなかった人たちの多くは、今でも非正規のままで、その苦悩は今も続いています。[29] そして、日本経済が今後再び落ち込むようなことになれば、同じことが繰り返されないという保証はありません。また、日本でもグローバル化の流れの中で、意欲的な企業は海外に成長を求めて発展していきますので、そういった企業の関係者の所得は高くなり、低成長の中で所得が伸び悩む一般の国民との間で格差社会化が進むことも心配されます。日本が低成長を続ける中で、今後、日本の格差社会化が進んでいくとすれば、その時の問題は、今日よりも格段に深刻なものになるはずです。[30]

27　村上龍『希望の国のエクソダス』、２０００

28　若者の自殺は、筆者が内閣府時代に最大の関心を持った懸案の一つです。『リスク・オン経済の衝撃』pp１４３－１５１参照。

29　週刊ダイヤモンド、２０１８・４・７号参照。

30　格差社会化が民主主義を危ういものにしかねないことについて、『「西洋」の終わり』pp76－78参照。

図表22　スウェーデン型、米国型、日本型の比較

	スウェーデン型	米国型	日本型
政府規模	大きい	小さい	小さい
経済成長率	高い	高い	先進国で最低水準
転職の難易度	容易	容易	難しい
再チャレンジ支援	手厚い	手薄	手薄
転職後の所得	本人の努力次第で上がる	変わらない	下がることが多い
格差社会化	進んでいない	激しい格差社会	今後、心配

エレファント・カーブの時代の格差

世界が選択と集中の時代になって、先進国の中で経済成長率の高い仕組みとして米国型とスウェーデン型が登場してきた。そういった中で、米国型では激しい格差を生んでしまうという話をしてきましたが、そもそも選択と集中の時代には、どうしても格差社会になりがちだということがあります。IT化によって世界中のどこで何を作ってもよくなり、選択と集中を行う企業は、先進国の企業だろうが発展途上国の企業だろうが、これまで考えられなかったような成長を実現するようになったからです。米国のアマゾンやグーグルなどは先進国の企業ですが、中国のアリババやテンセント、インドのHCLテクノロジーズといった企業は発展途上国の企業です。選択と集中の時代には、時代に適合する企業ならどこの国の企業であっても、従来考えられなかったような大きな成長のチャンスがあるのです。

そして、そのような企業の関係者は先進国の人々であろうが発展途上国の人々であろうが、大きな所得を得るようになっているのです。

その状況下で世界の所得分布に何が起こっているかを示しているのが、図表23のエレファント・カーブ[31]です。このグラフは、その形が鼻を持ち上げた象（エレファント）に似ていることから、エレファント・カーブと呼ばれています。

縦軸が１９８８年から２００８年にかけての所得増加率で、横軸が全世界の所得分位です。右に行くほど所得の高い人たちが位置しています。世界中のどこで何を作ってもよくなったことによって発展途上国の成長率が先進国を上回るようになりましたので、所得分位70％あたりから下の人々の所得が平均を上回る増加率になっています[32]。中でも、所得分位50～60％くらいのところ、グラフのＡの部分の人々の所得増加率が高くなっているのは、このあたりに経済成長著しい中国があるからです。

それより低い所得のところの所得増加率が下がっているのは、アフリカなどで人口爆発が起こって人口の増加が所得の増加を相殺しているからです。先進国の成長率が相対的に

31　ブランコ・ミラノヴィッチ教授が『大不平等』（みすず書房、２０１７）で紹介しているカーブ。
32　世界の総人口のうち7～8割が発展途上国の人口です。

図表23　全世界の各所得分位の1988年から2008年の間の所得増加率（%）

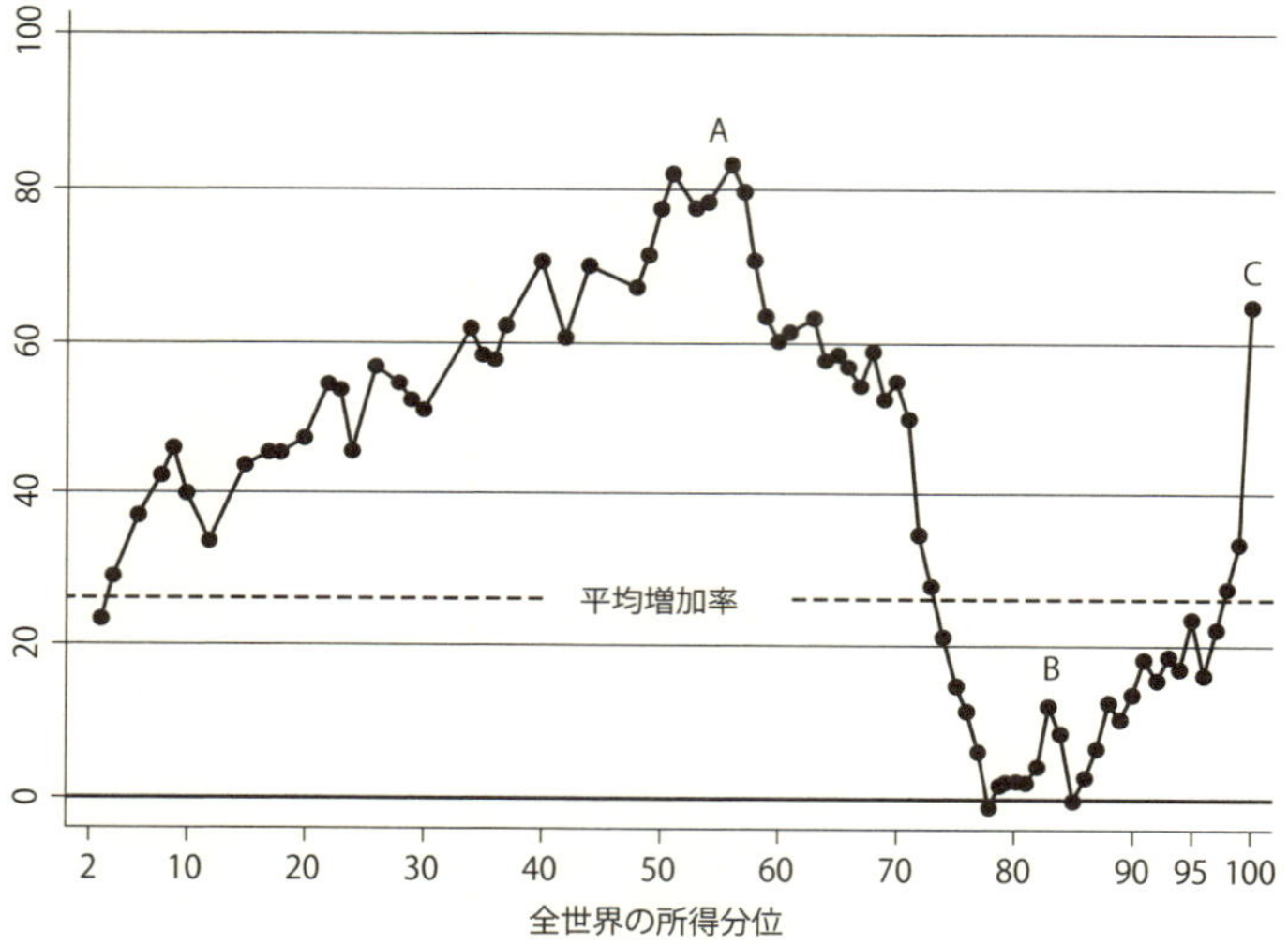

（出典）Milanovic, Branko（2016）

低くなりましたので、所得分位７０％以上の人々の所得の伸びが低迷しています。グラフのＢの部分です。しかしながら、所得が本当に高い人たち、所得分位で上位３％にいる人たちの所得は伸びています。特に上位１％の人々の所得増加率は高いものになっています。グラフのＣの部分です。そこに、選択と集中を思い切って行って、これまで考えられなかったような成長を実現した企業、そして、ウォール街の金融の関係者といった人々がいるのです。

ＩＴ化の時代には、先進国に比べて途上国が高い成長率を記録するようになって、かつて言われていた南北格差の問題が言われなくなりました。しかしながら、南北格差に代わって登場してきているのが、それぞれの国の中での格差です。格差は、発展途上国、先進国を問わずに急速に拡大しています。

実は、大きく経済成長する発展途上国において経済格差が拡大するのは、特に目新しいことではありません。明治維新以降のわが国も、その発展の過程で経済格差の拡大を経験してきました。国が農業国から工業国に急速に発展するときには、その発展に取り残される人々がどうしても出てくるのです。かつて、途上国がなかなか経済成長しなかった時代のこと、南北問題が言われていた時代のことを考えれば、今日の途上国の成長ぶりは画期的ですが、その成長があまりにも急速なために、その成長に伴う格差拡大は従来にない深刻な問題を生んでいます。多くの途上国が、そこからくる政情不安に悩まされるようになり、場合によっては強権政治が行われるようになっています。東西冷戦が終わって世界が平和になると思われたのにそうなっていない背景に、この発展途上国における格差拡大の深刻化があるのです。

そして、選択と集中の時代の格差は、発展途上国だけでなく先進国においても生じています。選択と集中の時代は、「勝者総取り」の時代です。しかも、勝者の中でも企業経営の関係者という少数の者だけが、激しい競争の成果である果実を独り占めにしがちなのです。そのような時代には、従来の手法では、よほどの所得再分配の仕組みを導入しない限りは、深刻な格差問題を解消することはできません。[33]いずれにしても、今日、先進国、途上国を問わず、世界中で格差問題にどう取り組むかが大きな課題になっているのです。

ところが、そのような世界の中で、実は、激しい格差問題が生じていないのが日本です。日本には、選択と集中の時代における独り勝ちの勝者、グラフCの部分にいる人々がほとんど存在しないからです。選択と集中の時代に取り残されて所得が伸びず、グラフBの部分にいる人々がもっぱら住んでいる国が日本だからです。しかしながら、今後については、日本でもグローバル化に適応した企業の関係者とそれ以外の一般国民の間で格差社会化が心配されることは、先に見たとおりです。また、日本が、選択と集中の時代に、とにかく小さな政府のままでいたいということで米国型の道を選ぶならば、米国と同様の格差社会化も心配されます。

33　よほどの所得再分配の仕組みを提言しているのが、わが国でもベストセラーになった『21世紀の資本』（2013）を著したトマ・ピケティです。ピケティは世界的な資産課税の導入を提言しています。

コラム

経済成長の決め手は人口ではない

吉川　洋

人口が減るのだから日本経済は成長できるはずはない。良くてゼロ成長、素直に考えればマイナス成長だろう。こうした見方は経営者、政治家、政策担当者から一般の人々まで、今や社会全体で広く共有されているようだ。

人口減少とともに進む高齢化は、たしかに社会保障と財政に大きな負荷をもたらす。国債のＧＤＰに対する比率が２００％を超えるわが国の財政赤字は、改めて言うまでもなく深刻な問題である（ＥＵはマーストリヒト条約によりこの比率が60％以下になるよう加盟国に義務づけている）。また「消える市町村」という言葉で象徴されるように、人口減少／高齢化は、地域社会にも脅威を与えている。

２０１７年に公表された社会保障／人口問題研究所による将来人口推計によると、日本の人口は２１１５年には５０５０万人になる（出生率中位推計）。戦争も疫病もないという想定の下、１００年で人口が現在の１億２０００万人から５０００万人まで減少する。これは、たしかに異常なことだ。私は決して人口楽観論者ではない。人口減少は21世紀の日本にとって大問題であり、日本の経済・社会は、社会保障／財政の持続性が年を追って不確実になるという、大きなリスクに直面している。しかしそのことと、はじめに述べた「人口が減るから日本経済は成長できるはずはない」という命題は、まったく別のことだ。一言で言えば、この命題は誤りであり、それは単なる「人口減少ペシミズム」にすぎない。

人口と経済成長は決して単純に直結するものではない。このことをわたしは『人口と日本経済』（中公新書、２０１６年）で訴えた。経済成長が単純に人口増によってもたらされるものでないことは、図表18をみれば一目瞭然だろう。戦後の高度成長期に、日本経済は年々実質で10％ほど成長した。一方当時の人口増は１％ほどだった。これは生産年齢人口、労働力人口でみても大差はない。高度成長は、「１人当りのＧＤＰ／所得」が年々９％ずつ伸びたことによってもたらされたのである。

先進国の経済成長は、人口減少の時代にも基本的に「１人当たりのＧＤＰ」の成長によってもたらされるものであり、１人当たりのＧＤＰの成長はＴＦＰと設備投資（資本投入）によってもたらされる。著者松元氏は、日本とスウェーデンを比較することにより、このことを説得力ある形で示している。すなわち日本、スウェーデン両国の違いは、人口動態（労働投入）の差ではなく、ＴＦＰと設備投資の差によってもたらされたものである。

それにしても日本の企業は、なぜ設備投資をしないのだろうか。そこで登場するのが「人口減少ペシミズム」だ。日本企業は今やアジアをはじめ海外での事業展開を柱とすべきであり、人口が減少していく「右肩下がり」の国内で設備投資をすることには合理性がない。

はたしてそうだろうか。頭数を当てにした設備投資は、所詮同じモノやサービスをつくりつづけるというビジネス・モデルだ。同じモノやサービスを売りつづけるなら、たしかに人口が減る以上、売り上げは減らざるをえない。そこで生産能力を増強することに合理性はないだろう。

しかし先進国経済の成長を牽引するのは、新しいモノやサービスの誕生なのである。たとえば私たちに身近なコンビニ業界についてみよう。セブン－イレブン・ジャパンの古屋一樹社長は、日本経済新聞のインタビューで次のように述べている。

「消費者は売り場の変化をよく知っている。商品や売り方を1年変えないと、店の売上高は前年比で1、2％落ち込むだろう。一方価値のある新商品や店のレイアウトなどを変えると3、4％増える。」（日本経済新聞2018年12月18日「コンビニから見た消費動向」）

時代のニーズを先取りした新しいモノやサービスの創出は、人口とは別のことである。日本国内の設備投資は、同じモノやサービスをつくる生産能力の増強ではなく、新しいモノやサービスをつくり出すためになされるはずだ。それをしない日本企業は、未来を放棄したかのようである。

コラム

高い国際競争力を支えるスウェーデンの教育と労働市場政策

湯元健治

スウェーデンは、人口わずか1000万人弱（2017年、999・5万人）の北欧の小国であるにもかかわらず、社会保障制度が充実している誰もが羨む福祉国家です。ただし、付加価値税率が25％、住民税が平均31％（自治体により税率が異なり、28％台〜34％台）、所得税の最高税率が25％となっているなど、国民負担が大きい国としても知られています。しかし、ジニ係数でみた格差は、OECD諸国中1〜2位を争うほど小さく、平等・公平な社会を実現しています。女性の活用でも世界トップクラスで、出生率も1・85と高く、環境問題に対しても最先端の取り組みを行っています。さらに驚くべきことは、そうした社会にもかかわらず、企業の国際競争力が極めて高く、経済成長率が先進国としては異例の高さを誇っていることです。2017年は、2・3％成長とスウェーデンにしたら低めでしたが、景気の良いときは、

３～４％成長が当たり前の国です。以下では、高福祉・高負担・高成長を同時に実現するスウェーデン・モデルと呼ばれる経済の仕組みについて、解き明かしましょう。

(1)　高い国際競争力を支える五つの要素

スウェーデンという国家は、充実した社会保障の財源を稼ぐには、企業が高い国際競争力を持つ必要があると考えています。スウェーデン企業が高い国際競争力を有する背景には、①協調的な労使関係と円滑な産業構造転換、②実学志向の高い教育と積極的労働市場政策、③ＩＴインフラの整備、④研究開発投資（Ｒ＆Ｄ支出対ＧＤＰ比率は、３・７％）とイノベーションを生む産官学連携、⑤企業に対する税制上の優遇措置（法人税率は22％）の五つの要素があります。本コラムでこのすべてを詳細にご紹介することは紙幅の関係でできませんが（詳しくは、湯元健治・佐藤吉宗著『スウェーデン・パラドックス――高福祉、高競争力経済の真実』をご参照ください）、本コラムでは、②に絞って詳しくみていきます。

(2) 実学志向の強い教育

スウェーデンでは、大学、大学院は、学問を学ぶ場というよりは、高度な職業能力を習得する場と位置づけられている。実践的な要素が多く、高度な職業能力や技能を身に付けさせることを目的とした職業大学（期間1年〜3年）と、理論的な要素がより多く、アカデミックな内容も含む一般大学（期間3年〜5年）の二つがあります。ただし、スウェーデンの大学教育全般にいえることは、一般教養的な要素よりも職業訓練的な要素の方がむしろ重視されていることです。

職業大学では、理論教育と企業が提供する実地教育を組み合わせたデュアル・システムとなっており、希望する職種への就職、キャリアアップ、転職や起業支援、企業に即戦力となる人材の提供をめざしています。プログラムの実施主体は、大学、高等専門学校、地方自治体、企業などです。学費は全額無料で、国から生活補助金や低利ローンが受けられます。学べる内容は、経理、事務、マーケティングから製造業向けの技術、医療・福祉の現場で必要とする技能、ホテル、レストラン、観光に関するコース、建設業関連など様々なものがあります。

他方、一般大学は、より専門性の高い職業能力を持つプロフェッショナル人材の育成を目的としています。「一般学位」は少なく、60以上の専門技能ごとに「職業学位」が取得できます。国家資格は、医師を除いて存在せず、教員、弁護士、看護師、エンジニアなどは、専門コースを卒業すれば、自動的に技能証明書が付与され、国家資格を持つのと同等の権利が与えられます。このため、30～40歳台の社会人比率が33％と高く、キャリアアップや転職でより高度で高収入の仕事をしたい社会人にとっては、極めて重要な役割を果たしています。入学金や授業料は無料で、入学試験もありません（大学への入学は高校の成績によって決まります）。職業大学と同様、在学中は大学生手当や低利ローンなどの支援を国から受けることができます。ただし、毎学期に一定数以上の単位を取得しなければ、次の学期に国からの支援が得られなくなるため、まじめに勉強することは学生にとって死活問題となります。

(3) 積極的労働市場政策

積極的労働市場政策（ALMP: Active Labor Market Policy）とは、失業保険の給付のようにただ単に現金を給付するだけの消極的労働市場政策とは正反対の政策で、職業訓練や能力開発、就業・求職活動支援など労働者の技能を高め、仕事を見つけることをサポートする政策を指します。失業保険の給付を受けるためには、こうした職業訓練や能力開発プログラムの受講が必要条件となっており、職安で進められた仕事を断った場合には、失業保険の減額または支給停止処分となります。スウェーデンの場合、積極的労働市場政策分野への財政支出は、GDP対比で1%近く（0・99%）あり、わが国（0・26%）の4倍の規模に上っています。雇用の安心とは、日本の場合、同一企業で失業しない状態を指しますが、スウェーデンの場合は、必要な職業能力、技能を身に付けていつでも、どこでも転職できる状態を指します。日本ではこういう考え方が決定的に欠けていると言わざるを得ません。

コラム

人材力を増すことで企業の高い生産性と収益力を実現しているスウェーデン

中島厚志

福祉国家の代表的存在であるスウェーデンでは高福祉が高負担によって成り立っており、財政収支は基本的にバランスしているか若干の黒字となっています。当然、国民は手厚い社会保障を受ける代わりに重い負担をしています。

注目すべきは、この重い社会保障負担の多くを企業が担っているという点です。実際、社会保障の負担割合を見てみると、国が税収で63%と全体の2／3近くを負担しているのですが、次いで多いのが企業の保険料負担で27%となっています。これは、家計が負担する保険料負担

10%の3倍近くに当たります。しかも、国民の多くは企業から収入を得ていますし、国も企業から税金を徴収していますので、スウェーデンの手厚い社会保障は企業活力がなければ成り立たないと言うことができます。

このことは、企業の高い生産性と収益力があるからこそ、高水準の社会保障負担や納税はもとより良好な雇用と賃金の確保も実現できているということでもあります。しかし、この条件を満たすのは簡単ではありません。高福祉が実現されれば国民の勤労意欲が衰えるかもしれませんし、企業に高負担が求められれば企業活力が減退する可能性も十分あるからです。

そこで、スウェーデンでは、国民が高福祉に頼り過ぎずに高い勤労意欲を保持するとともに企業も活力を維持向上させるために、アメリカ並みの厳しい市場競争を導入して企業に競争を促しています。政府は、企業の成長は支援しますが業況困難な企業を守ることはしません。すなわち、大企業であっても行き詰った企業は倒産しますし、倒産企業に雇われていた人々は失業するのです。

そうなると、気になるのが人々が失業して福祉国家と言えるのかということです。実は、スウェーデンの政府は、産業や雇用を直接守るより人を支えることで雇用につなげる考え方に徹しています。国は企業や企業を通して雇用を守るのではなく、人々が良質の雇用を得、豊かな生活を享受することを支えるということです。ですから、企業の倒産とそれに伴う失業は当然生じるのですが、失業した人々を失業保険そしてそれ以上に積極的労働市場政策と言われる政策で支えることが重視されているのです。

積極的労働市場政策は、積極的な教育・職業訓練と職業斡旋等で人々の資質を高め、より賃金など雇用条件の良い職場を斡旋することを主眼としたものです。そして、特筆されるのは、スウェーデンの政府が教育を通じた人材育成にも力を入れていることです。世界銀行の統計を見ますと、スウェーデンの公的教育支出の対ＧＤＰ比は世界一大きい７・７％（２０１４年）となっています。この数値は、日本が、雇用の受け皿である企業を支えて失業を抑える政策に重点を置き、一方で公的教育支出の対ＧＤＰ比が世界１０２か国・地域中第77位の３・６％であることと対照的です。

国民と企業が活力を発揮して高福祉を支え、政府が人を支えるスウェーデンは良好な経済成長を続けています。その内訳をみると人材力の強化が人々と国の豊かさ実現に大きな効果を発揮していることがよくわかります。と言うのも、経済成長の中で人と資本が生産性を向上させて成長を嵩上げした部分（全要素生産性、ＴＦＰ）が日本よりも大きいからです。２０００年から２０１１年までの年平均で生産性はスウェーデンの経済成長を１・２％押し上げており、日本の０・５％に比べると、明らかに人材高度化などが付加価値を大きく生んでいることがわかるような結果となっています。

国の経済では、短期的に見れば公共事業といった財政支出や金融緩和政策が成長率を押し上げます。しかし、長期的には、人材の育成と高度化が大きく経済成長を支えます。このことは、世界有数の資源国が世界で最も成長率が高い国ではないことや平均就学年数と経済成長率との間に正の相関があることからも明らかです。

スウェーデンは人材力を増すことで成長力を高めており、その背後には高福祉・高負担と高成長を支えるスウェーデンらしい国、企業と個人の役割分担があるのです。

第3章

ものづくり国家の危機

高度成長期に確立した日本の労働慣行

それにしても、バブル崩壊までの日本は、今日と同じ終身雇用制で硬直的な労働市場を持っていたのに、高い経済成長率を記録していました。それが、選択と集中の時代になったとたんに突然失速してしまったのは理解できないという読者も多いのではないでしょうか。そこで、その失速のメカニズムを、ここで整理しておきたいと思います。それが理解されないと、苦しい思いをして今なぜ現在の仕組みを変革していかなければならないかという議論が始まらないからです。

現在のわが国の終身雇用制を日本古来の仕組みだと思っている人がいますが、違います。日本古来とは言えないまでも、日本が西欧文明を取り入れた明治以来のものだと思っている人がいますが、それも違います。[1] 戦前のわが国に終身雇用制がなかったことは、城山三郎の小説『男子の本懐』にある、金解禁不況（1931年）のときの描写からうかがうことができます。それによると、「都会で職にあぶれた人々は、やむなく郷里へ帰ろうとする。だが、汽車に乗る金さえなく、東海道などの主要街道は、妻子を連れて歩いて帰る姿が目立った」というのです。当時、今日のような終身雇用制になっていたとすれば、そんなことは起こらなかったはずです。終身雇用制が定着したのは戦後なのです。大変な人手不足になった戦時中に登場して、戦後の高度成長期に定着したのです。

戦後は食糧難の時代でした。米軍の都市無差別爆撃で廃墟と化した都市部では餓死者も伝えられ、皇居前広場で25万人を集めての食糧メーデー（１９４６年）が行われました。会社から解雇されれば、たちまち生活に困ってしまう時代でした。そのような時代でしたから、会社からすれば経営の足かせになる終身雇用制も仕方がないと受け入れられたのです。会社としては、やむなく容認した制度だったのです。[2]

そのことは、戦後15年目の１９６０年に池田内閣が策定した「国民所得倍増計画」で、終身雇用制と年功序列型賃金制を解消し、同一労働同一賃金原則に基づいて労働力を流動化することが提唱されていることからうかがわれます。[3]「国民所得倍増計画」は、その後の高度成長を理論づけたものとして有名ですが、その計画の中には、終身雇用制を解消して戦前と同じ解雇が自由な欧米流のシステムに戻すことが提唱されていたのです。ところが、「国民所得倍増計画」によって始まった高度成長期に終身雇用制は解消どころか定着

1　大正期に大企業の幹部社員については終身雇用制が導入されましたが、それ以外の社員は欧米と同様のシステムの下にありました。
2　終戦の詔勅（玉音放送）で、「耐え難きを耐え、忍び難きを忍び」と述べられた時代でした。
3　濱口桂一郎『若者と労働』、ｐ１７８

していきました。それは、解消すべきだとされた終身雇用制が、企業の生産性向上のために理想的に機能し、わが国の経済成長を力強く牽引することになったからです。その結果、誰も文句を言わなくなったのです。そして、日本古来の仕組みでもあるかのように定着していったのです。

どのように理想的に機能したかは、よく知られている話です。日本企業は、戦後の焼け野原から出発して欧米諸国に追い付け追い越せの時代、欧米の進んだ技術を取り入れて発展していきました。その際に、終身雇用制で雇われた従業員が極めて柔軟に対応したのです。欧米の企業の従業員では考えられないような柔軟な対応を行ったのです。

具体的にご説明しますと、以下のとおりです。戦前のわが国や欧米諸国の従業員は、仕事（ジョブ）に応じて雇われていました。いわゆる「ジョブ型」と言われる契約によるもので、会社に雇われて何をするのかが雇用契約に明示されていました。ちょっとお考えいただければわかりますが、会社に雇用された場合に、どんな仕事をするのかが明示されていることは契約としてごく当たり前のことです。ところが、わが国の戦後の終身雇用制の下における雇用契約では、契約に基づいて行うべき仕事の内容が明示されていないのです。そのような契約は、会社に入る、会社のメンバーになることが契約の内容だということで「メンバーシップ型」の雇用契約と言われます。[4]日本では就職とは、ある会社のメンバーになる契約（入社契約）であって、どんな職（ジョブ）に就くかという契約（就職契約）ではないのです。[5]そのようなメンバーシップ型の契約の下に、新たな技術革新への柔軟な対応が可能になり、戦後の力強い経済成長が実現したのです。

どのように柔軟な対応だったかは、日本では当たり前で意識もされませんので、ここで少し解説しておきます。技術革新によって会社が従業員に新たな仕事（ジョブ）をしてもらわなければならなくなったとき、欧米流のジョブ型の雇用契約では、新たな仕事が契約に明示されていませんので、新たな技術に対応できる社員を新たに雇うか、従来の社員との間で新たな仕事についての雇用契約を結び直すかしなければなりません。それに対して、日本では、社員に新たな技術を習得するようにという業務命令を一本出すだけでよかったのです。定年までは雇用するが、その間にどんな仕事をするかは、そのつど会社が決められるというメンバーシップ型の契約ですから、それでよかったのです。

4　それを象徴しているのが、日本では「入社」という言葉が「就職」という言葉と区別なく用いられることです。
5　そのような契約は、社員を強く拘束する側面を持っています。バブル期、フリーターがもてはやされていた時期、フリーターのような自由な働き方の方がいいとする人々は、終身雇用制の正社員のことを「社畜」（つらい仕事でも文句を言わずに働く家畜のような社員）だと言っていました。人間なら奴隷ですが、それ以下の獣である家畜だというわけです。

そのような柔軟な対応を武器として、日本企業は生産性を向上させて欧米企業を圧倒していきました。どんどん輸出を伸ばして世界市場を席巻していきました。[6]国としても、世界最高水準の成長率を記録してアジアの奇跡と言われるようになりました。一人一人の社員も、会社の人事部が適材適所に各人を配置してくれるという仕組みの下に、社畜と言われようがモーレツ社員と言われようが、それぞれの能力を最大限に発揮し、そのように能力を発揮することによる充実感が幸せにもつながっていました。[7]

そして、のちほどご説明しますが、生産性向上という面で遅れをとった中小企業でも大企業の成長の成果がトリクル・ダウンしてくる形での賃上げが行われ、その結果、国民全体の所得水準が引き上げられて1億総中流社会が築き上げられていったのです。分厚い中間層が創り上げられていったのです。それは、大企業で定着した終身雇用制が日本の経済成長や豊かな社会実現のための力強いエンジンになった姿でした。企業と従業員の間に、ウィン・ウィンの関係が築き上げられたのです。[8]

戦後の終身雇用制が創り上げた、みんなウィン・ウィンの関係

戦後の終身雇用制は、日本型の小さな政府を築き上げることにもつながりました。国は、従業員との間でウィン・ウィンの関係を築き上げた企業に、従業員の職業教育や社会保障を丸投げし、国としては企業に面倒を見てもらえなくなる退職後の高齢者や真に困っている人々の社会保障に専念することにしたのです。その結果できあがったのが、日本流の小さな政府です。それは、企業も従業員も国も、みんながウィン・ウィンになるというものでした。以下、その仕組みのポイントを見ておくことにします。

まず社会保障制度です。日本の社会保障は「人生後半の社会保障制度」と言われます。人々が働き盛りの時代には、企業による雇用というセーフティー・ネットのお世話になることを前提に、企業が面倒を見なくなる老後の面倒をみる仕組みです。そのような仕組みの下では、企業が社員を人生の途中で解雇してしまうとたいへん困ったことになります。失業保険や一定の職業訓練はありますが、多くの場合、解雇された社員は家族ぐるみで路

6　金融機関も成長する企業への資金供給で高収益をあげていました。昭和30年代の銀行貸出金利は8％強（経済統計月報）でしたが、歩積み両建て（貸付けの一部を預金させるといったこと）などによって実質的な金利はもっと高いものでした。

7　高度成長期の人々の気分を象徴していたのが、当時のお正月映画『社長漫遊記』（森繁久彌主演、1963年）や『日本一のごますり男』（植木等主演、1965年）でした。筆者が中学生になったころのことです。また、バブル期には、栄養ドリンク剤の宣伝で「24時間戦えますか」というコマーシャル・ソング（『勇気のしるし』）が一世を風靡していました。

8　そのような仕組みの下に、わが国はオイル・ショック後も不死鳥のような日本経済の再生を実現し、日本はジャパン・アズ・ナンバー・ワンと言われるようになったのです。

頭に迷い、貧しい生活を強いられることになってしまいます。

そこで、裁判所が登場することになりました。企業がつぶれるというのでもなければ、解雇できないという労働慣行が、判例上、定着することになったのです。「解雇権濫用の法理」[9]というものの登場です。要は、会社が倒産するというのでもない限りは、雇い続けるようにしろとするものです。そのような判例の登場によってわが国の終身雇用制が法制的に定着し、それを前提にわが国の「人生後半の社会保障制度」が国民の間に受け入れられていったのです。

もちろん働き盛りでも、障碍者だったり、正社員でない女性が離婚して子供を抱えて生活に困るというようなことがあります。そこで、そのように真に困っている弱者には社会保障の手が差し伸べられることになっています。そのようにして、高齢者と真に困っている人々だけを対象とする社会保障制度ができあがり、それが日本流の小さな政府を可能にしたのです。

次に教育制度です。スウェーデンの大学が実学を重視していることをご紹介しましたが、それはジョブ型の契約で社員を雇うスウェーデンの企業が大学の卒業生に大学で学んだ専門知識に基づいてより高い給与を支払う仕組みになっているからです。それに対して、メンバーシップ型の契約で社員を雇う日本の企業は、入社希望者がどんな専門知識や技能を持っているかというよりも、自社にふさわしい人物かどうかを重視して採用を決めます。

よく言われるのは、地頭《じあたま》がよければいいということです。地頭がいい人間に、入社後に、オン・ザ・ジョブ・トレーニングで自社に必要な専門知識や技能を身に着けさせるのです。[10]そのように専門知識や技能をそれほど求められなくなった日本の大学は、教育の重点を実学よりも人格を磨くといったところに置くようになりました。一般教養をより重視する風潮が一般化しました。[11]そして、そのような大学の授業料は、大学に行かない人とのバランスからも本人負担が当然とされました。大学進学率が低かった時代には、特にそうでした。1990年ころまでは、大学に進学するのは4人に1人だったのです。そのよう

9　「使用者の解雇権の行使も、それが客観的に合理的な理由を欠き社会通念上相当と是認することができない場合には、権利の濫用として無効になると解するのが相当である（昭和50年、日本食塩製造事件）」とするもの。平成15年の労働基準法改正において、採用の際の労働条件として「解雇の事由」を文書で明示するという形で明文化された（法第15条）。

10　オン・ザ・ジョブ・トレーニングを受ける新入社員は、給料分の仕事はしていませんので、残業をしても、その分の超過勤務手当をもらえないのは当たり前といった感覚もありました。

11　一般教養の重視は、もちろん大切ですが、実学を忘れた一般教養では、選択と集中の時代の今日には不十分です。最近は、日本の大学も実学志向を強めてきています。

にして、日本流の小さな政府が、教育面でもできあがったのです。

選択と集中の時代に機能しなくなった日本の終身雇用制

わが国の成長を支えた日本の終身雇用制が理想的に機能していたのは、世界が選択と集中の時代になるまでのことでした。１９９０年代に入ったころからのＩＴ化の進展による技術革新が、事態を一転させることになりました。選択と集中の時代の技術革新が、個々の企業の従業員による新規の技術の習得で柔軟に対応できるレベルのものではなくなってしまったからです。

それまでは、企業は垂直的統合[12]によって効率化を実現していました。ところが、選択と集中の時代になると、自動車[13]のような垂直的統合がまだ優位性を保っている一部の分野を除き、企業は製造工程の多くをコストの安いところにグローバルにアウトソーシングするようになりました。中には、自社で全く工場を持たずに製造をすべてアウトソーシングするファブレスと言われるような会社も登場してきました。アウトソーシングされる製品だけを大規模に生産するファウンドリと言われる会社も登場してきました[14]。

そうなると、従来の感覚で垂直的統合を行ってきた会社は、図体が大きいばかりで臨機応変の対応ができないということになっていきました。製造工程を、従業員のことなど考えずに自由に再編できる、それによって選択と集中を思い切ってできる企業の競争力が強くなっていきました。仕事がなくなればいつでも従業員を解雇できる「ジョブ型」の雇用契約を持つ欧米企業の競争力が強くなっていきました。その反面として、仕事がなくなっても従業員を抱え続けなければならない終身雇用制の下にある日本企業は、大きなハンディキャップを負うようになりました。日本の労働生産性が１９９０年代以降ほとんど伸びなくなってしまったのも、そのような大きなハンディキャップのせいです。

本書は、１９９０年代以降、日本国民の所得が世界の中で伸びなくなった。なぜなのだろうかというところから話を始めました。そして、労働生産性が向上しなければ賃金も上がらないということを見てきました。その労働生産性を伸びなくして賃金が上がらないようにしている一番の元凶が、終身雇用制という日本の労働慣行なのです。

12　垂直的統合とは、下請けも活用しながら一企業の系列の中ですべての工程を組み合わせることによって効率的な製品の製造を実現していくことです。

13　ガソリン車は部品点数が多く、その組み合わせについて「すり合わせ」という創意工夫の余地が大きい製品です。その状況は、限られた部品の組み合わせでできあがる電気自動車の登場によって、大きく変わる可能性があります。

14　半導体製造に関しての台湾のＴＳＭＣなどが知られています。

ものづくり国家の危機

選択と集中の時代に大きなハンディキャップを負うことになった日本企業は、今日、欧米や中国の企業に負け戦さ続きです。日本が本来得意だとされていた、カーナビ、ＤＶＤプレーヤーや液晶パネルの分野でも、今や生産の多くは中国や台湾、さらには韓国などの海外企業です。日本企業が世界に先駆けて先端製品の開発に成功し、当初は高い世界シェアを獲得した製品も、その後、世界市場の拡大期になると日本企業は急速にそのシェアを失っていきました（図表24）。投資に失敗した場合、従業員を抱え込まなければならない日本では、思い切った選択と集中の投資が行われなかったからです。その結果、日本企業は「技術で勝って事業で負け」てしまったのです。それは、ものづくり国家の危機といえましょう。

そのようになっている日本を車にたとえれば、雇用調整というブレーキを利かせられない車のようなものです。かつて、とにかく真っ直ぐに走ればよかった時代、高度成長の時代には、雇用調整というブレーキなど使う必要はなく、日本という車は他国が驚くようなスピードで走っていました。他国を尻目に高度成長を続けていったのです。ところが、選択と集中の時代になった今日は、ＩＴ化によってエンジンが格段にパワー・アップされた

図表24　世界市場のシェアの推移

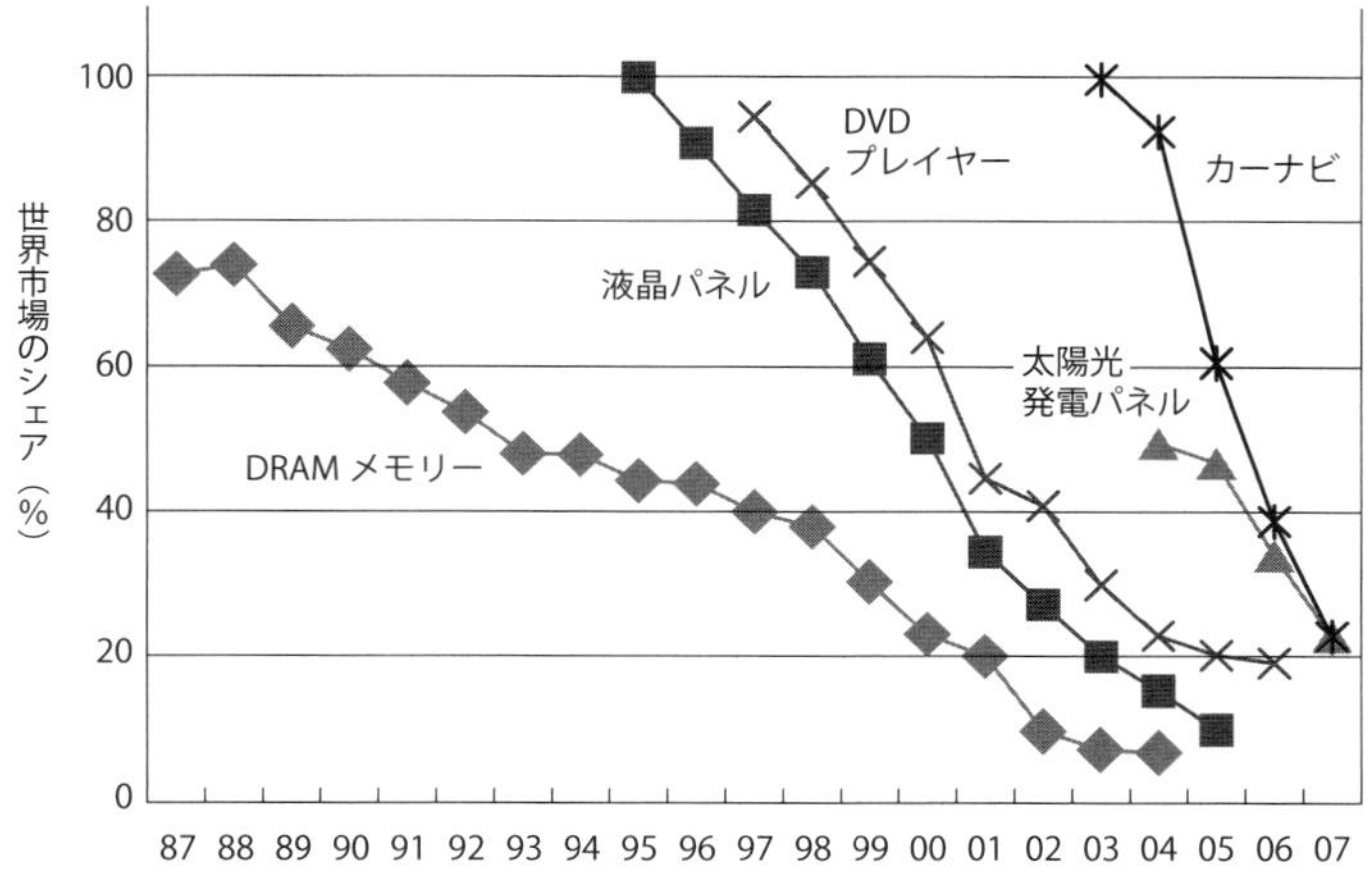

（出典）産業構造ヴィジョン2010、経済産業省

中で雇用調整というブレーキを利かせないと車を速く走らせるわけにはいかなくなっています。それは、ブレーキが利かない車で曲がりくねったヘアピン・カーブの山道にさしかかったようなものです。アクセルとブレーキ、選択と集中を臨機応変に使いこなしてグローバルな競争に勝ち抜いていかなければならない。それによって、山頂をめざしていかなければならないのですが、ブレーキが利かない車ではアクセルを思い切って踏み込んでスピードを出すわけにもいきません。下手にスピードを出すと、カーブを曲がり切れずに谷底に落ちてしまうかもしれないからです。そのようなことで、

のろのろ運転を余儀なくされている。その間に、ブレーキとアクセルを自在に使いこなす各国のスーパー・カーにどんどん置いていかれてしまっている。そして一人負けになっているのです。

そのようなのろのろ運転は、今乗っている人にとっては乗り心地の良いものかもしれません。車酔いにもならないし、外の景色もゆっくりと堪能できるからです。しかしながら、そんなことでは、私たちの子供たちは、各国のはるか後塵を拝した貧しい生活を甘受しなければならなくなってしまいます。やはり、車は力強く走るようにしなければなりません。ブレーキをしっかりと利かせられるようにしたうえでエンジンをパワー・アップしていかなければならないと思います。ものづくり国家として復活しなければならないということです。

日本型格差社会が生じることの危惧

日本が低成長になった中でも日本企業は成長していきます。成長著しい海外で成長すればいいからです。海外でブレーキとアクセルを利かせた運転をしていけばいいからです。

しかしながら、その結果、日本では1億総中流社会が崩壊し、日本型の格差社会の登場が危惧されることになります。かつてのようなトリクル・ダウンが生じなくなっているからです。その点を、以下ご説明します。

海外展開して競争に打ち勝った日本企業では、それなりの賃上げが行われることになります。かつてならそういった企業の賃上げが、その他の日本企業の賃上げにも波及していきました、いわゆるトリクル・ダウンが生じていたのです。

しかしながら、今日、そのようなトリクル・ダウンは生じません。なぜかといえば、かつての高度成長期の輸出企業の所得は国内で発生した付加価値を源泉にしていたのに対して、今日、海外で稼ぐようになった企業の所得は国外で発生する付加価値を源泉にしているからです。トリクル・ダウンとは、富める者が富めば、貧しいものにも自然に富が滴り落ちる（トリクル・ダウンする）という経済現象のことですが、それは国内に富の源泉があるからこそ起こるもので、富の源泉が国内にないということになると、そのようなことは起こらないのです。

そんなことを言っても、最近は、ＧＤＰ（国内総生産）ではなくＧＮＩ（国民総所得）

15　ＧＤＰ（Gross Domestic Product）は、国内で一定期間内に生産されたモノやサービスの付加価値の合計額です。ＧＮＩ（Gross National Income）は、それに「海外からの所得の純受取」を加えたものです。

図表25　わが国の国際収支の推移

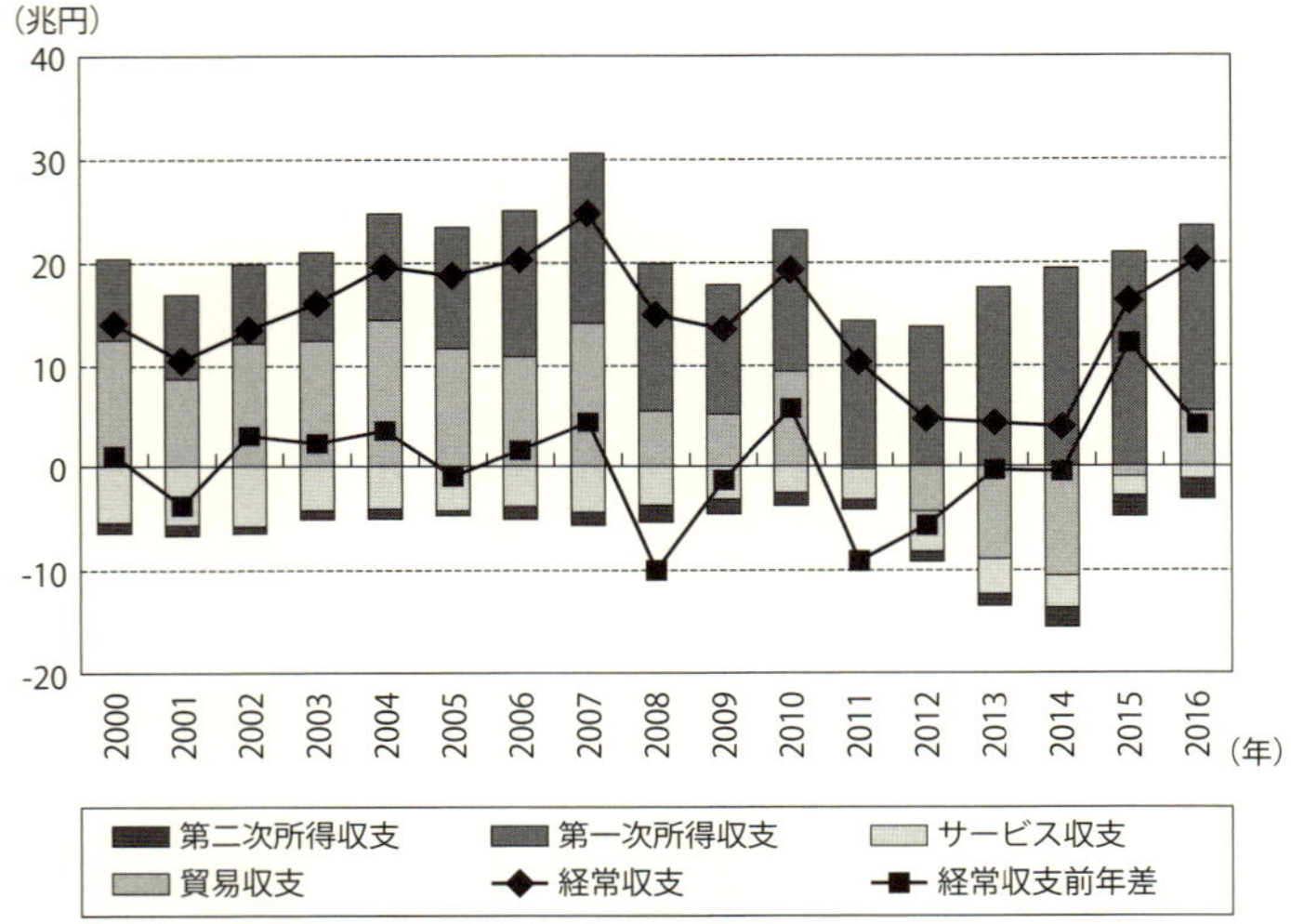

備考：2013 年以前の計数は、国際収支マニュアル第 5 版準拠統計を第 6 版の基準により組み替えたもの。
資料：財務省「国際収支状況」から経済産業省作成。

（注）第 1 次所得収支とは、利子・配当金等の収支、第 2 次所得収支とは、官民の無償資金協力、寄付、贈与の受払等、居住者と非居住者との間の対価を伴わない収支です。

（出典）2017年通商白書

の時代と言われる。[15] 世界中のどこで稼ごうが、日本企業が稼いでいることには変わりはない。そのＧＮＩが伸びるときに、なぜ、従来と同じようなトリクル・ダウンが生じないのかという反論が返ってきそうです。

この反論に対しては、少し難しくなりますが、富の源泉が国内にないということの意味を国際収支[16]という面からご説明します。かつての国際収支の稼ぎ頭は貿易収支でしたが、最近は企業が積極的に海外投資をするようになった結果、所得収支（第１次所得収支）になっています（図表25）。ですから、その稼ぎ頭である所得収支をカウントしないＧＤＰよりも、カウントするＧＮＩを重視すべきだと言われるのです。

しかしながら、問題はそこからです。貿易収支ではそこから生ずる所得は自動的に国内に入ってきますが、所得収支ではそうはいかないのです。貿易収支では、外国の輸入業者が代金を日本の輸出業者に送金してきますので、所得は当然に日本に入ってきます。ところが、所得収支では、所得を稼いだ日本企業が日本に送金しない限り、所得は日本に入っ

16　国際収支は、一定期間内の一国全体の対外経済取引を取りまとめたもので、経常収支（current balance）と資本収支（balance of capital account）に大別されます。経常収支はさらに、商品の輸出入を示す貿易収支（trade balance）、運賃、保険料、旅行などのサービス収支、投資収益などの所得収支、送金など対価を伴わない取引である移転収支に分けられます。経常収支は資本収支でバランスされて、両者を合わせると国際収支は均衡します。

てきません。当該企業が稼いだ所得を現地での新たな投資に回すと判断すれば、そちらに充当されます。その場合、統計上は、所得がいったん国内に入ったとして所得収支の黒字がＧＮＩに計上され、同時に同額が海外に投資されたとして資本収支の赤字として計上されて相殺されます。実際には、国際間のお金の流れは全くないのに、そのような統計処理がなされるのです。その場合、統計上のＧＮＩが増えても、お金は外国にあるままで、日本には入ってきません。それでは、富の源泉が国内にないので、日本国内での賃金のトリクル・ダウンが生じるはずがないということになるのです。

そもそも、高度成長期の最後のころから、これからは内需主導の経済成長をしていかなければならないと言われだしました。ところが、ＧＮＩを増やすということは、外需主導の経済成長です。日本企業が、外国で稼ぐときに相手にするのは外需です。選択と集中の時代になって、発展途上国が力強く成長し、外需が力強く成長しだしましたから、日本企業もその成長の成果を享受してＧＮＩを伸ばしていくのは当然のことです。しかしながら、ＧＮＩが伸びてもＧＤＰが伸びないとなると、日本の一般国民の所得は増えません。それでは、日本企業がグローバルに活躍し、ＧＮＩが増えれば増えるほど、日本の格差社会化が進み「1億総中流社会」が崩れていってしまうことになるのです。

それを良しとしないのであれば、これからは「ＧＤＰではなくＧＮＩの時代だ」と言うのではなく、これからは「ＧＤＰもＧＮＩもの時代だ」と言うべきです。企業のグローバル展開の戦略を考える際に新たにＧＮＩに着目することは大事なことですが、国民生活の向上を考える際に着目すべきなのは、今日でもＧＤＰなのです。

ちなみに、米国の経済白書にはＧＮＩの統計データは出てきません。ＩＭＦや世界銀行も、ＧＮＩの成長率の国際比較は行っていません。ネットで検索すれば、ＧＮＩ成長率の国際比較[17]を探し出すことはできますが、その上位に並んでいるのは、プエルトリコ、レソト、パレスチナ、モンゴルといった国々です。その国際比較統計では、米国が76位、日本が85位、スウェーデンが87位、ドイツが90位、英国が１０６位です。この順位を見れば、ＧＮＩに着目することが、一国の経済や国民生活を考える際には、あまり参考にならないことがご理解いただけると思います。

17　http://top10.sakura.ne.jp/IBRD-NY-GNP-MKTP-KD-ZG.html。

転職して所得が増えないメカニズム

国民生活を向上させるためには、GDPに着目しなければならないとご説明してきましたが、その延長線上の話として、選択と集中の時代には、転職を余儀なくされる人々の所得が上がっていくような仕組みにしなければならないということがあります。GDPといっても抽象的なGDPがあるわけではないからです。ある国のGDPとは、その国の一人一人の国民が作り出す付加価値をすべて積み上げたものです。ということは、選択と集中の時代、転職が当たり前の時代には、転職した人々の所得が上がっていくようでなければ、それらを積み上げたGDPも力強くは伸びていかないということです[18]。ところが、今日の日本の現状は、転職しても所得は上がらない、むしろ下がってしまうことも多いのです。このことは、選択と集中の時代に、日本の成長率が低くなってしまっていることを考えるうえで大切なポイントです。なぜそうなっているかの実態は大企業の場合と中小企業の場合では随分と違いますので、まずは大企業について見ていきます。

大企業の場合、日本では「メンバーシップ型」の雇用制度の下、企業が従業員の職業教育を行いますが、そこで従業員が身に着けるノウハウは、もっぱら、その企業で役立つものです。しかも、そのノウハウには、その会社独特の人間関係をマスターするといったことも含まれていますので、転職して他の企業に行った場合には、そのノウハウはほとんど役に立ちません。「メンバーシップ型」の雇用においては、どのような仕事（ジョブ）ができるかではなく、その会社の社員としてふさわしいかが重要な採用基準になっているとご説明しましたが、日本の会社では、本人にいくら能力があっても会社の風土になじめなければ、その能力を十分には発揮できないのです。

それは、中途採用者については、その人がどれだけ能力を持っていても、それをどれだけ発揮できるかは未知数だということを意味します。[19] となると、それまで輝かしいキャリアを持っていた人についても、会社としては、最初は相当に低い給与でしか採用できないということになります。そんなことで、日本では転職すると給料が下がることが多いので

18　米国のように、転職した人々の所得が上がらなくても企業の経営者がとんでもない高い所得を得るようになって経済成長していくというやり方もあります。しかしながら、それが格差社会を生んで良くないことは、これまで見てきたとおりです。

19　欧米の企業では、新たに入ってくる社員がその会社の風土になじめるかなどということは気にしません。もちろん欧米の会社にもそれぞれの会社の風土はありますが、それは新しく入ってきた人も参加する形で、日々創り上げられていくものです。

20　最近は、人手不足から転職市場が売り手市場になり、転職して賃金が上がる人の割合も増えてきています。しかしながら、それでも転職によって賃金が増加した人の比率（２０１７年）は３分の１強（36・２％）で、賃金が減少した人の比率（33・０％）とほぼ拮抗しています。

す。[20]それは、一人一人の個人が再チャレンジできるような雇用市場が未発達だということにもつながっています。

わが国の雇用市場が再チャレンジのための機能を十分に果たしていないことは、2018年の経済財政報告でも指摘されています。報告では、2018年5月現在の失業率は、25年7か月ぶりという歴史的な低水準となっているが、失業率低下の要因としては、就業者が失業しなくなったことが大きく、失業者が就業したことによる寄与は小さい。それは、労働市場のマッチング機能がかつてと比べてほとんど変わっていないことを示しているとしています。[21]

つまり、デフレ期に「追い出し部屋」などがあったような事態、会社が従業員を無理やり整理するといった事態はなくなったが、失業してしまった人の再就職、再チャレンジは進んでいない。労働市場のマッチング機能が改善されていないということです。同様のことを特集していたのが、2018年4月7日の週刊ダイヤモンドです。その特集によれば、就職氷河期にまともに就職できなかった人が現在36~47歳になっていますが、その世代の再就職市場は極めて限られている。そのような人々が再チャレンジできず、そのまま老後を迎えることになると、生活保護が大きく増えることが心配されるとしています。[22]

そもそも人手不足と言われる現状も、日本全体で本当に人手不足になっているかといえば疑問です。人手不足は、すべての業種で一様に発生しているわけではありません。建設業や介護関係などでは深刻ですが、その一方で、事務的職業などではＩＴを生かしたＯＡ化（オフィス事務システムの自動化）による作業の効率化によって人手が過剰になってきています。[23] フィンテックの登場で業務が劇的に変わることが予想される金融業界では、大手金融機関が１万人単位での人員削減を打ち出してきています。[24] 思い切った選択と集中ができず、いまだに実質的な社内失業を抱えて、ＲＯＡやＲＯＥの低迷に苦しんでいる企業も多いはずです。わが国の雇用市場が再チャレンジのための機能を十分に持っていないことは、日本がその持っている人的資源を十分に活用できていないことにつながり、日本の低成長につながっているのです。

21　平成30年度年次経済財政報告（内閣府）ｐ61
22　そのような氷河期世代の「生活保護予備軍」は１４７・１万人に上り、それによる生活保護費増は29・９兆円と試算されています。
23　平成30年度の年次経済財政報告書（ｐ１５５）は、その結果、定型的な業務を行っている女性が影響を受ける可能性が高いとしています。
24　みずほフィナンシャル・グループが１万９０００人の人員削減、三菱ＵＦＪフィナンシャル・グループが９５００人分の業務量削減、三井住友フィナンシャル・グループが４０００人分の業務量削減を打ち出しています。

転職市場３００万人の意味すること

次に、中小企業の場合に、転職しても所得が上がらない、キャリアアップが難しい実態について見ていきます。ここまで、日本の終身雇用制が戦後に定着してそれが高度成長に大いに貢献してきた、ところが、その仕組みが今日うまく機能しなくなって日本経済の成長の足を引っ張るようになっているということを見てきました。しかしながら、実は、終身雇用制が戦後定着したというのは大企業での話で、中小企業の分野では今日に至るまで終身雇用制は定着していません。[25]

そのことは、わが国で、転職する人が毎年約３００万人もいることから明らかです。３００万人と言えば、毎年の新規学卒就職者約１００万人の3倍です。10年間で、のべ３０００万人です。そんなに転職者がいるのは、中小企業の世界では転職が珍しいことではないからです。ということは、全従業者の7割は中小企業に勤めていますから、終身雇用制の下にない人の方がよほど多いのです。そして、そのように転職が普通の中小企業分野でも、転職して所得が増えない、個人がキャリアアップしていくような転職は難しいのが日本の実情なのです。

その背景にあるのは、わが国の中小企業分野での生産性の低さです。もちろん例外はありますが、全体としての中小企業の生産性が低いことから、転職しても、より所得の高い勤め先はなかなか見つからないのです。

図表26は、米国の水準を１００としての日本の産業別生産性の水準を示していますが、上のグラフをご覧いただくと、日本の生産性が米国を上回っているのは、化学や機械といった大企業が生産を担っているごく一部の業種だけであること、米国と同等なのも輸送機械（自動車）というやはり大企業が生産を担っている業種だということ、両者を合わせても日本全体の付加価値シェアで1割にも満たないことがわかります。その他の大部分の業種では、良くて米国の6～7割の水準、特に中小企業が多い卸・小売り、飲食・宿泊といった業種の生産性は、米国の3～4割といった極めて低い水準なのです。そのような中で、転職しても高い所得の転職先を見つけることが難しいというわけです。

それにしても、どうして、そのように生産性の低い中小企業が、わが国では温存されてきているのでしょうか。それについては、少し説明が必要です。それは、戦後の大企業での終身雇用制の定着が、経済成長を牽引し所得格差も縮小させた、みんながウィン・ウィ

25　わが国で、終身雇用制が必ずしも一般的でないことは、青木昌彦元スタンフォード大学経済学部教授が指摘しています（『日本経済の制度分析』pp70－78）。

図表26　日米の産業別生産性（1時間当たり付加価値）と付加価値シェア（2010〜2012）

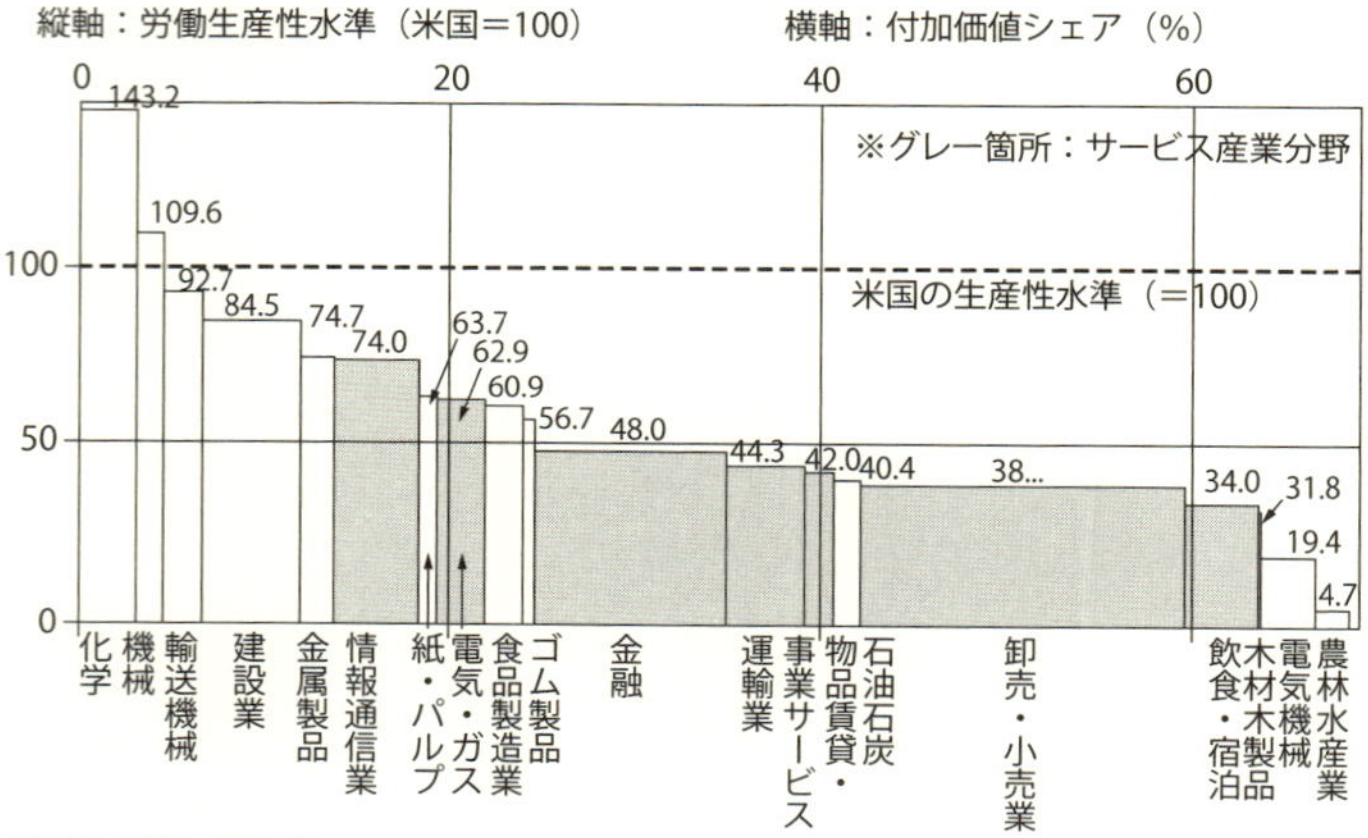

（出所）滝澤（2016）

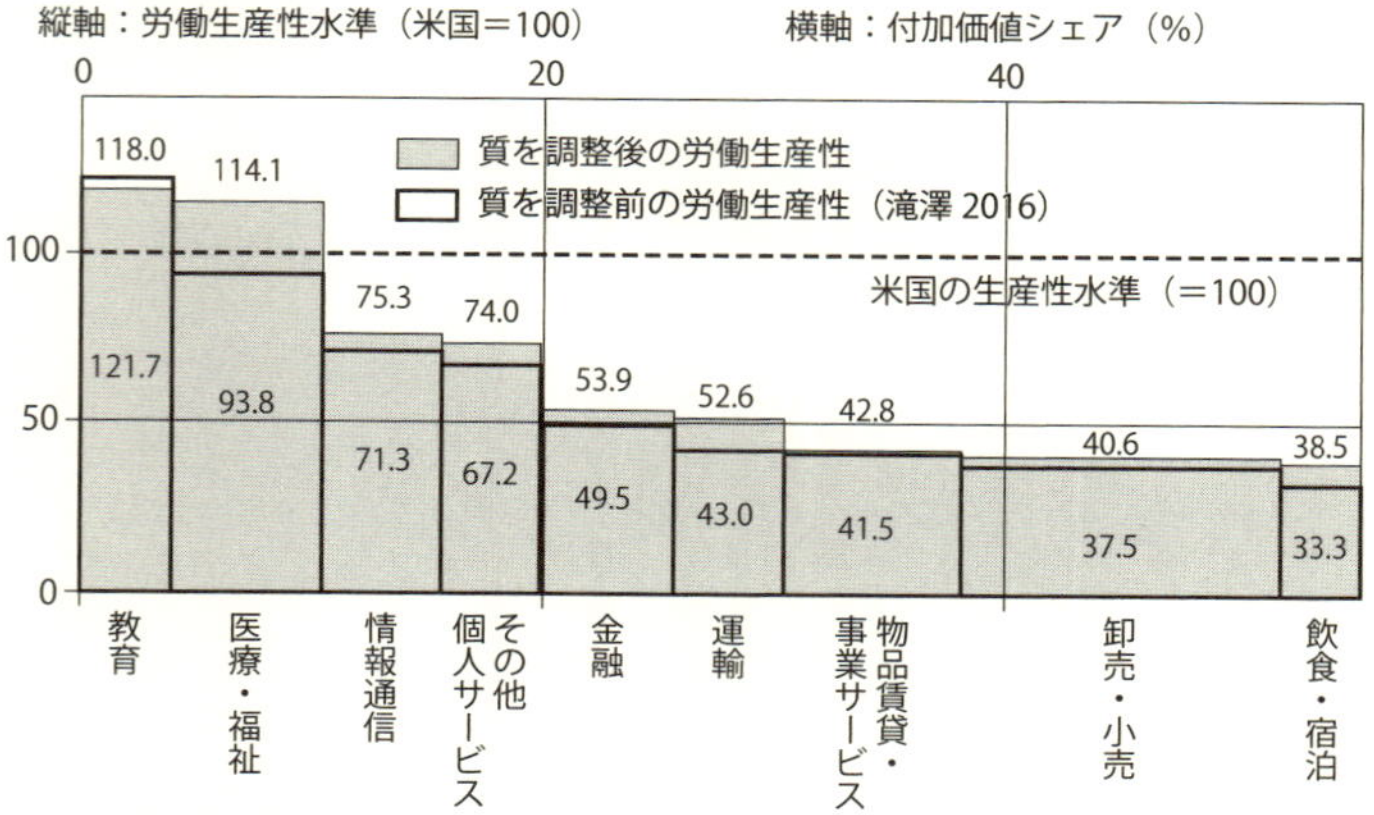

（出所）深尾・池内・滝澤（2018）

（出典）「イノベーションを通じた生産性向上に関する研究会」報告書　財務総合研究所　2018.3

ンの仕組みを創り上げたことの裏側の世界と言ってもいいものです。

大企業での終身雇用制が当時の技術革新への柔軟な対応を通じて大成功を収めた結果、大企業の労働生産性は高くなり、不況期に仕事がなくなった従業員を抱え込んでいても十分にやっていける体質になりました。高度成長期には、不況期に一時的に仕事がなくなったとしても不況は長くは続かず、好況期になれば仕事はまた増えていきました。となると、不況期に仕事のなくなった従業員を解雇して好況期に雇用しなおすという欧米流のやり方では、かえってコスト増の要因になります。それよりは、従業員を抱え続けていた方が合理的になったのです。そのような状況もあって、裁判所が、会社がつぶれるというのでもない限りは従業員を解雇してはいけないという判例法理（「解雇権濫用の法理」）を生み出しても抵抗なく終身雇用制が定着していったのです。

ところが、中小企業の状況は全く異なっていました。中小企業の労働生産性は低いままだったからです。大企業の賃上げに合わせて、中小企業も賃上げを行いましたが、その分は価格転嫁することによって補い、生産性は低いままだったのです。生産性が低いままの中小企業は、何かあればすぐにでもつぶれてしまいます。となると、裁判所も、そんなところに「解雇権濫用の法理」を適用して終身雇用制を求めていくわけにはいきませんでした。いや、「解雇権濫用の法理」を適用しても、解雇が不当というわけにはいかなかったというべきでしょう。本当に倒産してしまうかもしれないとなれば、中小企業における従業員の解雇を不当と判断するのは難しかったからです。ということで、中小企業分野では終身雇用制は定着せず、毎年３００万人という転職者が出続けるということになったのです。

それにしても、まともに競争が行われていれば、生産性の低い中小企業は淘汰されて、結果的に中小企業分野の生産性も向上していたはずです。諸外国では、みんなそうなっています。それがわが国でそうならなかったのは、政府が生産性の低い中小企業を温存する政策をとったからです。大企業における終身雇用制の定着に着目して社会保障や職業教育を大企業に丸投げするようになった政府は、同様の役割を中小企業にも求めるようになりました。そして、そのためには中小企業がつぶれないようにしなければならないということになったのです。中小企業がつぶれないような手厚い保護政策がとられるようになったのです。例えば、不況期にも従業員を雇い続ける企業には、雇用調整助成金[26]という手厚い補助金が出されるようになりました[27]。

そのような政策は、国民の幅広い支持を受けることになりました。そのような政策の結果、安定した1億総中流社会ができあがったからです。みんながウィン・ウィンの仕組みができあがったからです。

しかしながら、ものごとはいいことばかりではありません。みんながウィン・ウィンという仕組みの裏には、内外価格差によって、国民の生活が見かけほどは上昇しないという問題が潜んでいました。実は、日本の中小企業の生産性の低さは、かつては産業の二重構造問題[28]として経済学者の間では大いに問題とされていたものでした。奇跡の戦後復興と言っても、中小企業の低生産性問題を置き去りにしている日本経済の成長は本物ではないといって厳しく批判されていたのです。ところが、ある時期から、産業の二重構造問題はあまり言われなくなりました。１億総中流社会ができあがったからです。国民の間での所得

26　雇用調整助成金は、１９７５年に雇用調整給付金として創設されたものです。

27　手厚い保護政策と言われて、すぐに思い浮かぶのは農業分野ですが、中小企業分野の手厚さは農業分野に必ずしも負けていません。それは、大蔵省（当時）主計局時代、主査、主計官として7年間農業予算を担当し、1年間、通商産業省（当時）予算を担当した筆者の実感です。

28　産業の二重構造問題とは、国内に近代的な産業と前近代的な産業が併存する構造問題のことです。そこから、近代的な産業と前近代的な産業の間で生産技術や賃金水準に格差が生じることになります。日本では、戦後復興の過程で高度成長を牽引する大企業と産業の大宗を担う中小企業との間で、賃金、資本集約度、生産性などの格差が大きくなり、産業の二重構造問題と言われるようになりました。

格差が少なくなったからです。
そのような1億総中流社会の構築のために機能したのが、トリクル・ダウンの仕組みです。そこには、二本の柱がありました。一つは、輸出で稼ぐ大企業に合わせて中小企業も賃上げを行ったことで、その結果、賃金格差が少なくなりました。もう一つの柱は、中小企業がその賃上げ分を価格に転嫁したことでした。トリクル・ダウンで中小企業が賃上げを行ったと言っても、生産性が向上していない中小企業としては賃上げした分（コスト）を製品価格に上乗せしなければ赤字になってしまいます。ということで製品価格の値上げが行われたのです。

そのような値上げによって起こるインフレーションを、コスト・プッシュ・インフレーションといいます。そのようなコスト・プッシュ・インフレーションが当然のこととして起こっていたのです。その結果、わが国の国内物価は、諸外国に比べて随分と高くなりました。内外価格差問題の発生です。[29] それは、中小企業の生産性が低いという産業の二重構造の問題が、内外価格差という問題にすり替えられたということでした。産業の二重構造問題の中でも特に問題とされていたのが賃金格差でしたので、賃金格差が少なくなったことによって産業の二重構造の問題は言われなくなりましたが、その代わりに言われるようになったのが、国民生活は見かけ上豊かでも実質的には貧しいという内外価格差問題だったのです。

今日、トリクル・ダウンが生じなくなってきたとご説明しましたが、それは、産業の二重構造からの賃金格差の問題が顕在化してくることを意味しています。これまでと同様に中小企業の保護政策で生産性の低い中小企業を温存することはできても、中小企業が高い賃金を価格に転嫁するメカニズムがなくなって、賃上げをすることができなくなったからです。賃上げを価格に転嫁しようものなら、それを支えるだけの富の源泉が国内にありませんので、たちまち消費が落ちてしまうからです。[30]

そして、そのような状況は、海外で稼ぐ会社の従業員と国内の中小企業の従業員の間での所得格差を生み出すことになります。米国で転職しても所得が上がらないのは、キャリアアップを支援する仕組みが手薄だからですので、本人が一念発起すれば、より高い所得

29　内外価格差の急拡大が特に問題とされたのは、１９８５年のプラザ合意後のことです。円高の進行もあって、東京の物価はニューヨークの1・5倍にまでなりました。当時、円は２４０円から１２０円へと急騰して円高不況になりましたが、リーマン・ショック後のような空洞化は起こりませんでした。ＩＴ化による世界の生産構造の変化が起こる前で、モノの生産が基本的に一国の中で行われていたからです。

30　それは、今日、デフレ脱却がなかなか進まない背景にもなっています。

の職に就く機会はそれなりにあります。アメリカン・ドリームの夢は、それなりに生きているといえます。ところが、日本の場合には、中小企業の間で転職している限り、高い給料を支払う能力がない、生産性が低い中小企業が大部分ですから、本人が一念発起してもより高い所得の職に就ける可能性は極めて限られてしまっています。その状況下で、格差社会化が進んでいくことになるのです。

日本が低成長を続ける中で、今後、日本の格差社会化が進んでいくとすれば、その問題は、今日よりも格段に深刻になるはずだとご説明しましたが、その理由がここにあります。日本の格差社会化は、多くの国民に所得向上の機会がない中での出現になるのです。日本の格差社会化は、米国よりも深刻な問題になりかねないと言えましょう。

黒字の中小企業の廃業問題

中小企業分野で、最近、気になるのが、黒字なのに廃業する中小企業が多いことです。経済産業省の分析では、日本の中小企業380万社のうち127万社が後継者不在で「廃業予備軍」の状態にあるといいます。2025年には6割以上の経営者が70歳を超え、「大廃業時代」を迎えるといいます。[31] 黒字ということは、それなりに生産性は高いはずです。それなのに廃業するのはなぜかと言えば、後継者がいないのが大きな要因だとのことです。

その背景にあるのも生産性の低い中小企業が温存されているという問題です。どういうことかというと、赤字になってもつぶれない仕組みが充実していますので、生産性が低い中小企業も採算ぎりぎりでも事業を続けようとします。その結果、生産性の高い黒字の中小企業が、高い生産性を武器に自社の売り上げを伸ばして成長していく余地が狭められてしまっているのです。その状況は、黒字の中小企業の後継者からみれば、黒字とはいっても大きな将来性が見込めないというものです。そこで、現在の経営者が高齢になったところで後継者不足から廃業ということになるのです。

このメカニズム、どこかで聞いたような気がされないでしょうか。そうです、第1章「選択と集中の時代に海外に発展を求める日本企業」のところでご紹介した、生産性の高いA社の第2工場が閉鎖されてしまうのと同様のメカニズムなのです。そこで紹介したケース（図表13）で、A社が第2工場を閉鎖して海外展開を選択したのは、国内では雇用を

31　「中小企業『黒字廃業』相次ぐ」ＡＥＲＡ、２０１８・１・23

守るためにも会社をできるだけつぶさない政策がとられているので、生産性の低い競争相手のB社が赤字ぎりぎりでも市場から撤退しない可能性が高い。そうなると、国内では収益を大きく伸ばすのは難しく将来性が見込めないからでした。それは、黒字なのに後継者がいない中小企業が廃業するのと同じメカニズムです。

黒字の中小企業が廃業して、赤字の中小企業が生き残るということでは、ただでさえ低いわが国の中小企業部門の生産性が、さらに下がっていってしまいます。それも、生産性の高いA社が海外展開することによって、日本全体の生産性が下がっていってしまうのと同じメカニズムです。

中小企業の人手不足倒産問題も、根底にあるのは中小企業の低生産性です。先にご覧いただいたとおり、わが国の多くの分野の労働生産性は米国の3～4割です。ということは、米国並みの労働生産性になれば今よりも相当に少ない人間で同じ仕事ができるはずです。実質的には人手不足の状況ではないということです。そして、米国並みの労働生産性になれば、その生産性に見合った高い賃金を払うこともできるはずです。人手不足倒産と言われますが、生産性が低いので高い賃金を払うことができず、有能な人材を採用することができなくて倒産してしまうのです。

外国人労働者を入れる場合にも、日本人と同じ賃金を払うようにしないと、生産性の低い中小企業がより温存されることになってしまいます。それでは、日本の低成長は是正されず、国民の所得を引き上げていくこともできません。

以上述べたような問題を解決していくためには、現在の護送船団的な中小企業政策[32]を競争原理に基づくものに変えていくことが必要です。[33]企業の新陳代謝を図るのです。そもそも、選択と集中の時代には、小回りの利く中小企業にこそ大きなビジネス・チャンスがあるはずです。中小企業が、そのようなビジネス・チャンスを生かせるようになれば、日本経済は大きく発展するはずです。そして、そのような中小企業が高い給料を払うようになれば、転職しても本人の努力次第で所得が増える効率的な労働市場が形成されていくはず

32　日本のように護送船団的な中小企業の保護政策をとっている国は先進国にはありません。例えば、スウェーデンでは、大企業、中小企業を問わず、生産性の低い企業はつぶれるに任せています。２０１１年に、ＳＡＡＢという名門の自動車会社が経営困難になりましたが、スウェーデン政府は倒産容認の方針を崩しませんでした。ＳＡＡＢは、現在、米国ＧＭの子会社になっています。

33　中小企業政策を競争的にすることを提唱しているのが、冨山和彦氏です。冨山氏は、２０１４年に著した『なぜローカル経済から日本は甦るのか』において、中小企業が中心になっているローカル経済を競争的なものにしていくことによって日本経済をよみがえらせることができるとしています。なお、中小企業の倒産を防ぐことによって、中小企業に蓄積されている貴重な技術が途絶えないようにするという議論がありますが、貴重な技術があるのであれば、生産性の低い中小企業が倒産しても、誰かがそれをより生産性の高い形で継承するはずです。

です。

コラム　スタートアップ企業が元気なフランスから学ぶこと

中島厚志

中小企業問題は日本だけではなく、他の主要先進国にもあります。欧州諸国ではなぜアメリカのGAFA（グーグル、アップル、フェイスブック、アマゾン）のようなデジタル大企業に育つ中小企業が生まれないのかも問われており、いろいろな改革も行われてきました。

その成果もあって、2018年のヨーロッパでは、新しいビジネスモデルで急成長をめざす起業間もないベンチャー企業（スタートアップ企業）が目立つ年となりました。実際、ハイテク分野のスタートアップ企業の投資額は前年比で2割近く増え、その上場企業数も69社に上りました。この数は、アメリカが28社であったことと比べると2倍以上も多くなっています（Atomico調べ、以下同）。

とりわけ、元気だったのがフランスです。フランスでは、中小企業の課題として、競争力の乏しさ、改革意欲の低さや知名度が低いことによる採用難などが指摘されてきました。くわえて、そもそも大企業に成長する中小企業が少ないこともよく挙げられてきた点です。ところが、２０１８年にはハイテク分野でのスタートアップ企業の資金調達額が前年比46％も伸び、雇用も7・3％増加したのです。

自然にこのようなハイテク分野でのスタートアップ企業の躍進が生じたわけではありません。背景には、フランス政府の5年来のスタートアップ企業育成戦略（「スタートアップ国家」戦略）があるのです。その戦略の下で、政府がフランスを世界で最もスタートアップ企業にとって居心地が良い国にすることをめざして、特にハイテク分野でのスタートアップ企業を支える種々の環境整備が行われています。

具体的には、革新的な起業家への研究支援、スタートアップ企業に限定した無形固定資産の加速度償却や出資ファンド・投資家の増強・支援、税制や外国人採用についての優遇措置などが実施されています。くわえて、新ビジネスに現行の規制が邪魔になる場合には、諾否はともかくとして、その無効を申請する権利もスタートアップ企業に付されました。

種々の政策の中でも、とりわけ注目されるのがＩＴとハイテク関連のスタートアップ企業優遇特区（French Tech）の設置です。この特区にはパリなどフランス内のいくつかの主要都市にくわえて東京、ニューヨークといった海外都市も指定され、フランス政府がその経済に貢献するスタートアップ企業を集中的そして総合的に支援する体制が構築されています。さらに、French Techでは、当局がスタートアップ企業を支援する展示会開催や国際的展開支援まで担っています。そこには、French Tech特区をハイテク企業の起業と成長で世界でも最適の場とし、世界的なＩＴ企業に育てるとのフランス政府の意気込みがあるのです。

フランスは、これらの措置で、アメリカの半分の０・５％しかなかった過去30年のＩＴ関連による年平均ＧＤＰ成長率の押し上げ効果をアメリカ並みに引き上げようとしています。かなり大胆な目標ですが、海外売り上げ比率がフランスの中小企業全体の３％に対してインターネット企業では39％に達していることや、アップルストアでの売り上げ上位12品目のうち５品目がフランスのスタートアップ企業の製品であることなどから、French Techとハイテク・スタートアップ企業を通じたフランス経済の成長かさ上げは十分可能と見ているようです。

ハイテク系のスタートアップ企業の振興は日本でも進められています。とくに、官民ベンチャーファンドを設立してスタートアップ企業を支援するなど、支援金額では見劣りはしません。しかし、スタートアップ企業への個別支援も重要ですが、スタートアップ企業が生まれ、育つすべての条件が整う環境（ビジネス・エコシステム）を地域全体で作ってしまうとの徹底的に腰が入ったフランスの施策を見ると、まだまだいろいろな方策があると感じます。

なお、日本でスタートアップ企業が生まれ育つために欠かせないポイントの一つは、市場の成長性です。市場が成長していればより多くの企業が育つ可能性が高くなります。しかし、日本では少子高齢化と人口減少が進んでおり、市場全体の規模が大きくなるのはますます難しくなっています。

そこで、必要となるのが企業の新陳代謝です。日本では開業と廃業とも企業全体に占める割合がそれぞれ5％程度で欧米主要国の半分くらいの水準となっています。ところが、欧米主要国では開業と廃業の比率はともに10％くらいあります。もし日本の廃業率が2倍になれば、開業率も高まり、より多くのスタートアップ企業が生まれる可能性は十分にあります。

スタートアップ企業の方が概して生産性や雇用吸収力が大きいことが実証されており、業績が悪い企業と入れ替わることが日本経済の成長につながる面があるのです。スタートアップ企業を増やして雇用や生産性を増すためには、企業の新陳代謝の活発化を進めることも欠かせないと言えます。

第4章

働き盛りの世代の貧困

今日の貿易黒字は経済の弱さの象徴

輸出企業の生産性向上に牽引されて日本経済が成長する時代は終わった、これからは、中小企業も含めた国内企業全体の生産性向上で日本経済を成長させていかなければならないというのがここまでご説明してきた話です。

しかしながら、わが国では、相変わらず輸出主導の経済成長が大事だと思っている人が多いのが現状です。海外の景気が良くなれば輸出が伸びてわが国の景気が良くなるからです。しかしながら、それがかつてのように輸出主導による経済全体の成長につながるかと言えば違います。今日見られる輸出の伸びによる好景気は、海外景気の好調や円安で一時的にもたらされるものです。それは、国内における積極的な投資や生産性向上に裏打ちされていません。そのような輸出の伸びは、かつてのものとは全く異なっています。そのことは、かつての輸出主導の経済成長が円高をもたらすものだったのに、最近の輸出の伸びが円安頼みになっていることに象徴されています。同じ輸出の伸びが観察されても、その持つ意味は正反対のものになっているのです。

一国の通貨は、その国の経済が発展していけば高くなり、経済が衰退していけば安くなります。かつて日本が力強く成長していた時代に円が強くなっていったこと、大英帝国の凋落につれて英国のポンドが下落していったことを考えてみれば[1]、それは明らかです。経済成長する国の通貨は強くなる。それによって国民生活も豊かになっていくのです。それなのに、今日のわが国では「円安が経済を成長させる」という議論がもっぱらです。円高は経済成長にマイナスだと思われています。なぜなのでしょうか。

思うに、大きな理由は、リーマン・ショック後の円高などでひどい目に遭ってきたからです。円が実力不相応の75円にもなったころに、円は高い方がいい、50円になってもいいという、とんでもない議論がありました。それへの反動が考えられます。日本経済は、突然の円高によってひどい目に遭ってきたのです[2]。そして、その行き過ぎた円高を是正する過程での円安が景気回復をもたらしたのです。そのことが、円安が経済を成長させるという神話を根付かせてしまったのです。

しかしながら、円安が経済成長をもたらすものでないことは、第2章でご紹介した成長会計に円レートなど登上しないことを思い出していただければ、ここで説明を繰り返すま

1　第2次世界大戦後、植民地を失い経済の低迷を続けた英国の通貨ポンドは、１９４９年以降、どんどん安くなっていきました。かつて1ポンド＝１０００円だったものが、今日は１４０円程度です（２０１９年1月29日現在）。

2　１９８０年代のプラザ合意による円高も、深刻な円高不況を生んで経済を混乱させました。更には、それへの対策としての金融緩和がバブルにつながりました。

でもないことです。[3]

そうはいっても、円安の方が経済にとっていいと解説するエコノミストがほとんどです。それは、円安が一時的には景気を良くするからです。どんな経済状況下でも円安になれば輸出関連企業の収益は向上します。となると、輸出関連企業が多く上場されている株価も上昇し、足元の景気が良くなります。円安で当面の景気は良くなるのです。

しかしながら、忘れてならないのは、同時に輸入関連企業の収益は圧迫されるということです。国全体として考えた場合、円安には何らのメリットもありません。円安では、日本で作ったものが外国に安くでしか売れなくなり、外国から買い入れるものが高くなります。[4]それでは、国民生活は貧しくなるばかりです。ただ、円安による国民経済へのマイナスの影響は、足元の景気が良くなるというプラスの影響よりも遅れて発現します。タイム・ラグがあるのです。そこで、当面の景気にいい影響をもたらす円安がクローズ・アップされるのです。しかしながら、円安が最終的に日本経済の成長を助けたり国民生活を良くしたりすることはありません。そもそも、日本の成長力が弱く世界で最低水準の経済成長を続けているから円安になっているのです。そのような円安を喜んでいいはずがありません。

では、そのように経済が弱い中での日本の貿易収支の黒字をどう考えればいいのでしょうか。

そのことを理解するためには今日、日本の貿易収支の黒字がどのようなメカニズムによって生じているかを見ていく必要があります。順を追ってご説明します。今日、日本企業は国内ではなく海外で積極的な投資を行っていますので、それによってわが国の資本収支は赤字になっています。企業だけでなく金融機関も海外への融資を積極化しており、それも資本収支の赤字につながっています。それらによる資本収支の赤字を均衡させるものとして貿易収支の黒字が生じているのです。その均衡が得られる水準に円レートが決まるので円安になるのです。それは、資本収支の赤字が主導する円安であり、それに付随して生じる貿易収支の黒字なのです。

そのメカニズムによって生まれてくる貿易黒字は、かつてのものとはその性質が全く異なります。かつての貿易黒字は、日本の生産性が上昇し国際競争力が強くなって輸出が伸

3　もちろん、実力不相応の円高は良くないことです。そのような円高に対しては、通貨当局同士の連携や適切な金融政策によって対処する必要があります。
4　そのことを、経済学的には、交易条件が悪化すると言います。

び、円も強くなる中で生み出されていたものでした。それは、日本経済の強さの象徴でした。ところが、今日の貿易収支の黒字は、わが国の生産性が足踏みしている中で、資本収支の赤字を相殺するために円安と同時に生み出されているのです。それは、日本経済の弱さの象徴です。[5]それなのに、多くのエコノミストが円安がいいといっているのは、それが輸出関連企業の収益向上をもたらし、一時的な好景気をもたらすからなのです。

それは、氷山にぶつかって沈んでいくタイタニック号[6]の中でダンスに興じているようなものです。日本経済が沈没していく、それに伴って生じる円安で輸出関連企業が高収益を享受して株価が上昇するのを喜んでいるのです。国民生活が貧しくなっていくのを忘れて一種の飢餓輸出を喜んでいるようなものです。いずれにしても、そのようなメカニズムでもたらされる円安が、日本経済を成長させることはありません。今日の円安は、戦後のポンド安がそうであったのと同様に経済の衰退に伴って生じているのです。

先にご説明したように、日本経済が衰退していく中でも、進取の機運にとんだ企業はグローバル化してしっかりと外で稼ぐようになります。日本企業は優秀な社員を抱えていますから、選択と集中の時代になった世界でも十分に戦えます。そして、社員に高い給与を支払うようになります。他方で、生産性が低いままの、中小企業を中心とする多くの企業には、社員に高い給与を支払う余裕などありません。というわけで、両者の間で格差が広がっていってしまうことになるのです。

わが国で関心が高いのは社会保障の持続可能性ですが、社会保障を持続可能にできたとしても、それがそのような格差社会化が進む中でのものとなっては、将来には不安ばかりということになってしまいます。

「不安な個人、立ちすくむ国家」

２０１７年5月、経済産業省の若手が、「不安な個人、立ちすくむ国家」という報告書を取りまとめて注目されました。その報告書では、人生百年時代、終身雇用が当たり前ではなくなっていく社会の現状を「昭和の人生すごろく」という資料で描き出しています(図表27)。それによりますと、１９８０年代生まれ、現在40歳代の男性１００人のうち、正社員になって定年まで勤めあげるのはわずかに27人です。四人に一人というわけです。

5　そのようなわが国の貿易収支の黒字は、いずれの国に対しても脅威を与えるものではありません。米国がそれを問題にするのは、かつて日本の競争力が強く集中豪雨的な対米輸出を行っていた時代の記憶を利用しているものです。

6　１９１２年、大西洋で沈没した豪華客船。氷山衝突後、退避指示が出ても多くの乗客やクルーは危機発生を信じず、甲板に散らばっていた氷の塊で即席のサッカーを始める者までいたとされている。

図表27

「昭和の人生すごろく」のイメージ
'50年代生まれ→'80年代生まれ（推計含む）

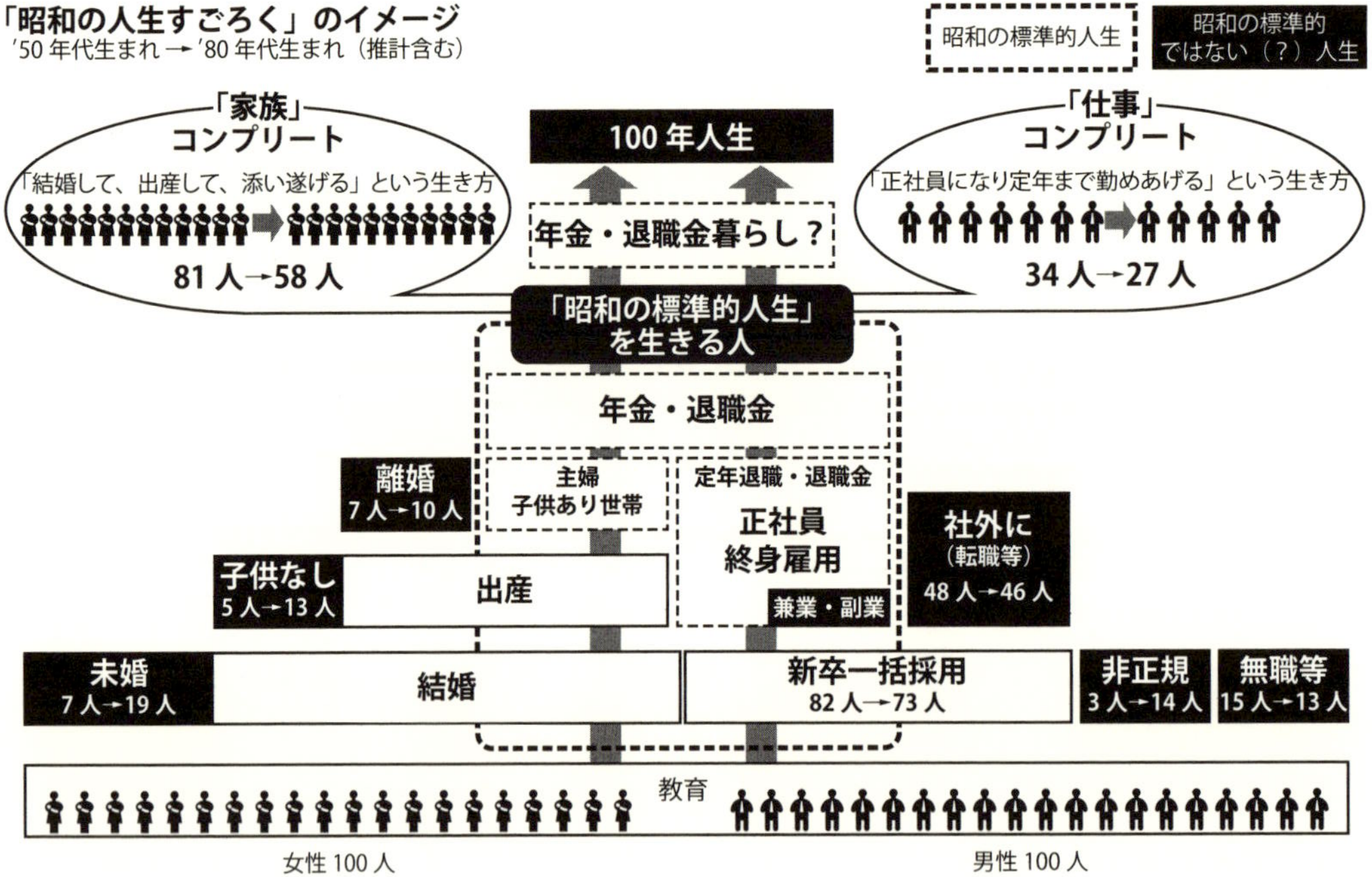

図表28

年齢に縛られない社会保障を通じ多様で複線的な社会参画を促すことで、持続可能な新たな社会モデルを築くことができるのではないか

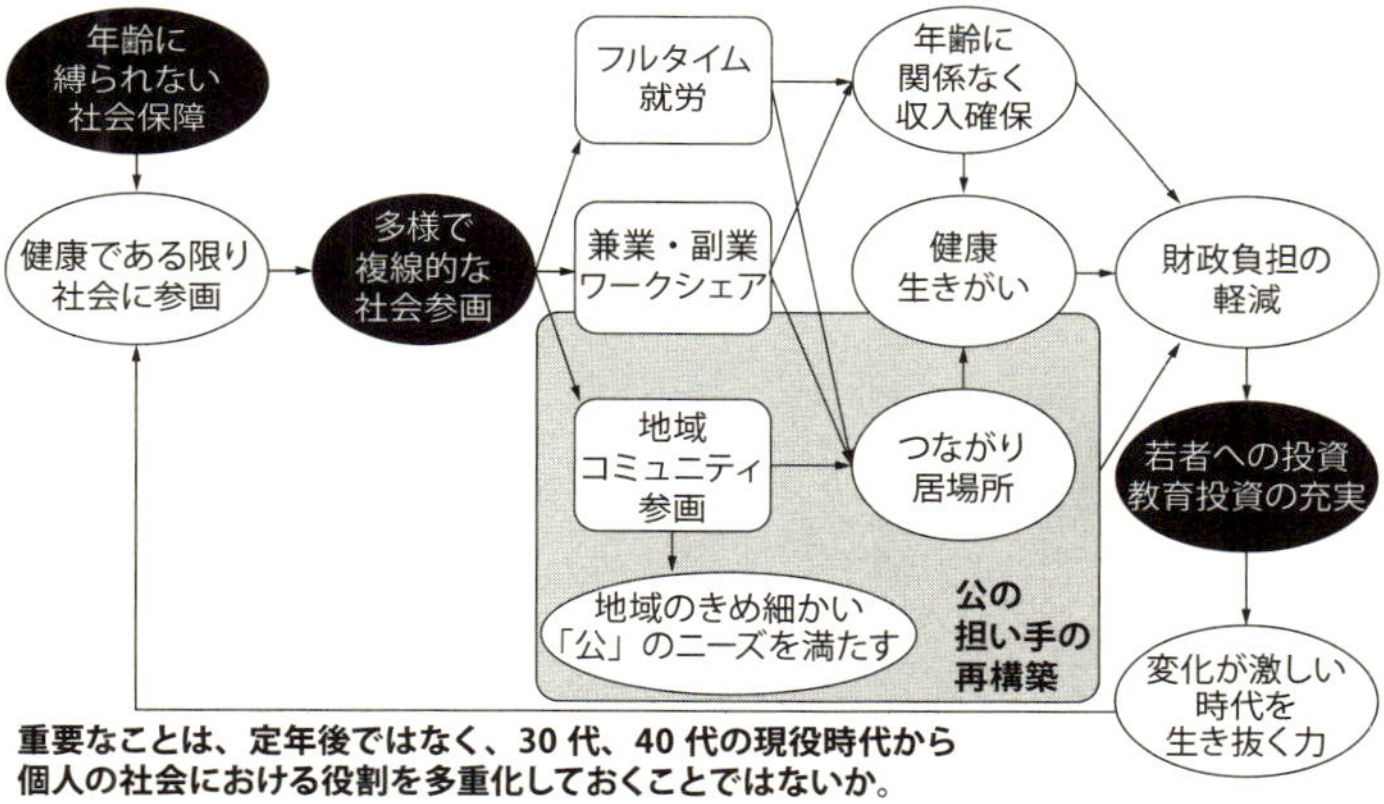

重要なことは、定年後ではなく、30代、40代の現役時代から個人の社会における役割を多重化しておくことではないか。

報告書は、そのような中でも「年齢に縛られない社会保障を通じ多様で複線的な社会参画を促すことで、持続可能な新たな社会モデルを築くことができるのではないか」としています（図表28）。同報告書は、それ以上立ち入っていませんが、年齢に縛られない社会保障を通じて多様で複線的な社会参画を促すというのは、米国型ではなくスウェーデン型を念頭に置いていると考えられます。

筆者は、日本の社会保障制度や教育制度をスウェーデン型にすることによって、世界最低水準の成長から脱却し、格差社会化も防ぐことができるはずだと考えています。ところが、そのような方向への議論はほとんど行われていません。それにはお金がかかるから、国民に新たな負担を求めなければならないからです。その点はのちほど述べることにして、それにしてもそのような議論に踏み込むためには、まずは現状の認識が必要です。戦後、大企業で終身雇用制が定着したのを受けて、政府が企業に現役時代の社会保障を丸投げした結果できあがった「人生後半の社会保障制度」についての現状認識です。ということで、以下、わが国の社会保障制度の現状を見ていくことにします。

わが国の「人生後半の社会保障制度」の現状は、諸外国と比較してみるとよくわかります。図表29[7]でご覧いただけるとおり、ＧＤＰ比で見たわが国の高齢者施策（グラフの最上段）は、福祉先進国とされるスウェーデンよりも大きく、わが国の現役や家族への施策（高齢者施策の下二つ）は、小さな政府とされる米国よりも小さいのです。

ちなみに、福祉大国と言われるスウェーデンの高齢者向けの社会保障は、日本で思われているほど手厚いものではありません。例えば、スウェーデンでは現役時代にしっかりと働いてそれなりの所得比例年金[8]をもらうようになっていないと、最低保障年金だけの貧しい老後になってしまいます。ハーバード大学のフリーマン教授（労働経済学）は、そのようなスウェーデンの社会保障を、ウェルフェア（社会福祉）ではなくワークフェア（労働福祉[9]）だとしています。

ＧＤＰ比で大きいとか小さいとか言われても実感がわかないと思いますので、実際に毎年、実額で高齢者にどれくらいの給付が行われているかを示しているのが図表30です。ここから、65歳以上の高齢者へ毎年一人あたり２５５万円が給付されていることがわかります。２５５万円と言えば、非正規社員の平均年収（２０１６年で１７２万円）よりもはるかに多い額です。一人あたりですから夫婦二人なら５１０万円ですが、それだと正規社員の平均年収（２０１６年で４８７万円）を上回ります。それだけの給付が、毎年３５００万人（２０１７年）もの高齢者に対して行われているのです。

今日、国民の関心が高いのは、このような社会保障制度の持続可能性ですが、それはそれを支える働き盛りの人たちにとって大変なことです。人生百年時代と言われる中で、それがどれだけ大変なことかは、ちょっと考えてみるだけでわかります。人が働くのはお

7　図表29と30は、筆者が内閣府の経済財政担当の統括官だったときに、当時の経済財政諮問会議に提出した資料です。
8　スウェーデンの年金の実情については、湯元健治・佐藤吉宗『スウェーデン・パラドックス』第４章参照。
9　ワークフェアとは、手当を一方的に与えるのではなく、受給要件を求職活動や職業訓練などと密接にリンクさせ、就労を通じた自立をめざす政策手法です。

図表29　社会保障給付費・非社会保障給付費（対GDP）の国際比較（2009年）

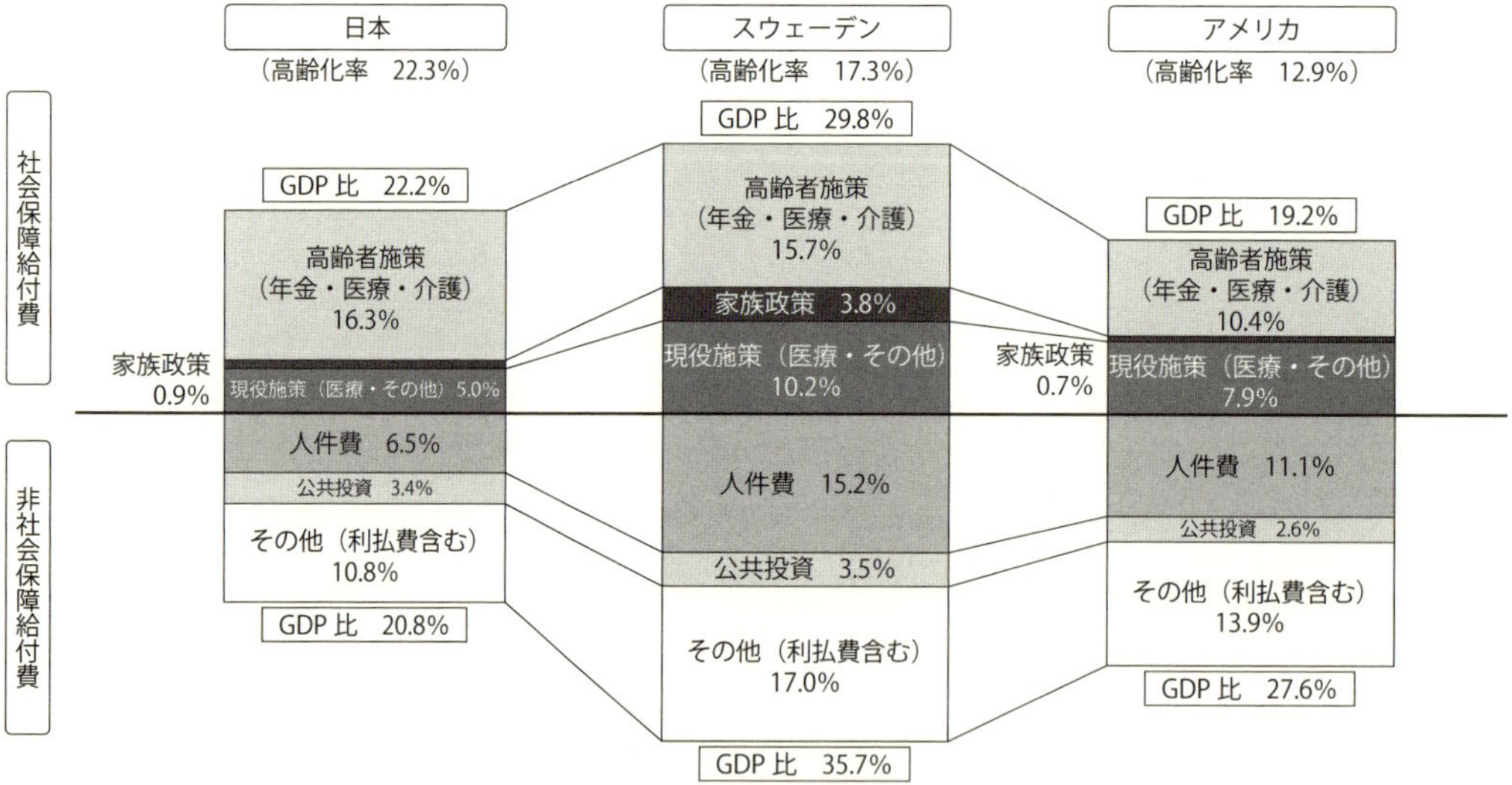

（出典）経済財政諮問会議（2008.10.17）提出資料をリニュー
（注）グラフは、国と地方政府と社会保障基金を含めたいわゆる一般政府の歳出を、社会保障給付費と非社会保障給付費で上下に分け、更に、社会保障給付費の中身を高齢者施策とそれ以外といったように分けています。

図表30　国民一人当たり社会保障給付と負担のイメージ

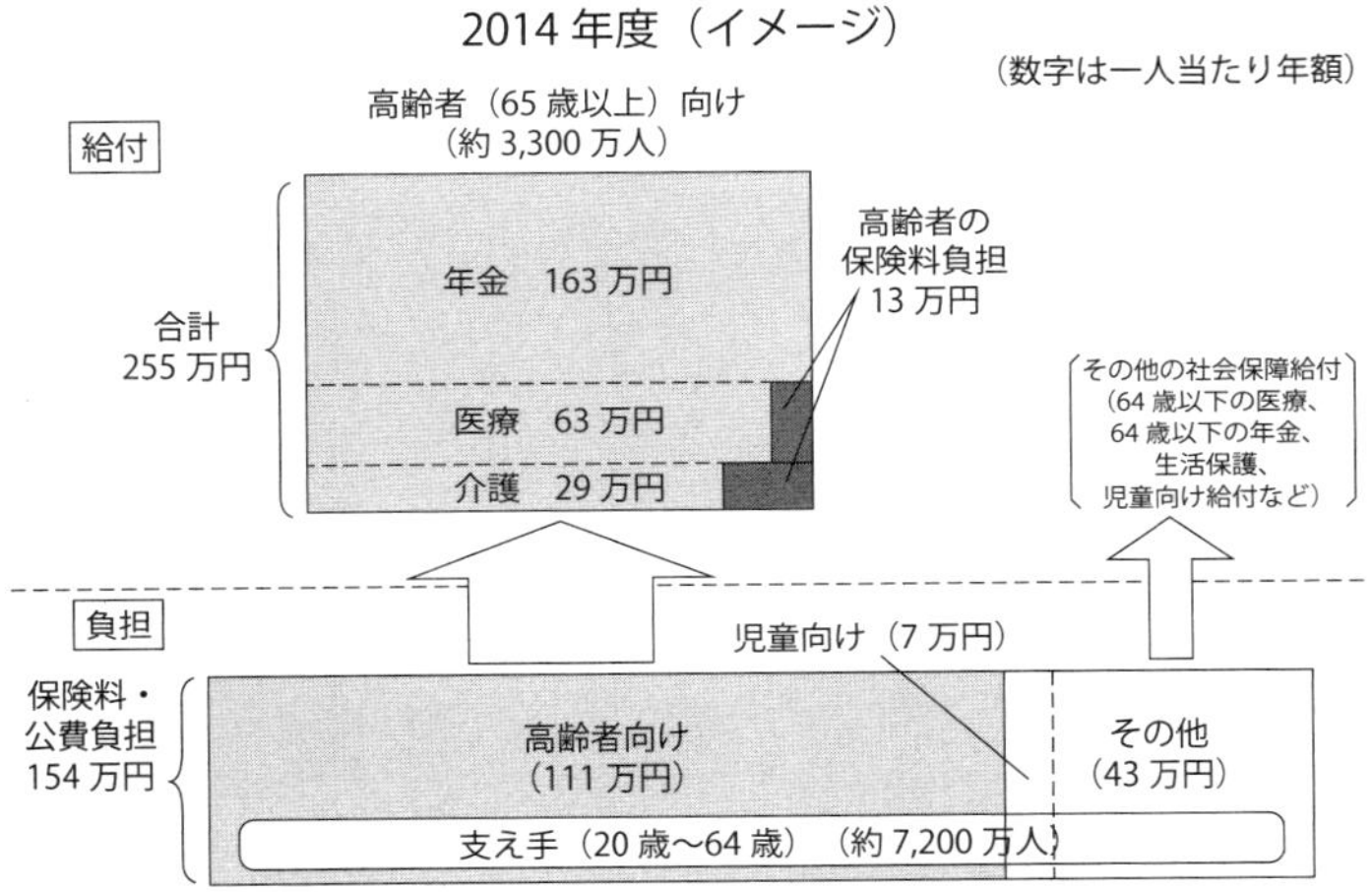

（出典）経済財政諮問会議（2007年10月17日）提出資料をリニュー

むね20歳から64歳までの45年間ですが、その45年間の稼ぎで65歳から100歳までの35年間を支えるのです。しかも、少子化で支え手はどんどん減っていき、高齢化で高齢者一人あたりの費用がさらに増えていくという中で支えるのです。

高齢化で高齢者一人当たりの費用がどれだけ増えていくかを示しているのが図表31です。75歳以上の後期高齢者になると、医療費の国庫負担は、それまでの7・6万円から35・0万円へとほぼ5倍になります。介護給付費の国庫負担は、1・4万円から14・0万円へと10倍に激増します。[10] そのように増

図表31　将来人口の見通しと医療・介護費について

団塊の世代（1947～49（昭和22～24）年生まれ）が後期高齢者に移行し始める2022年以降、後期高齢者の人数が急激に上昇する見通し。
（団塊の世代は2017年時点で630万人）

人口の見通し

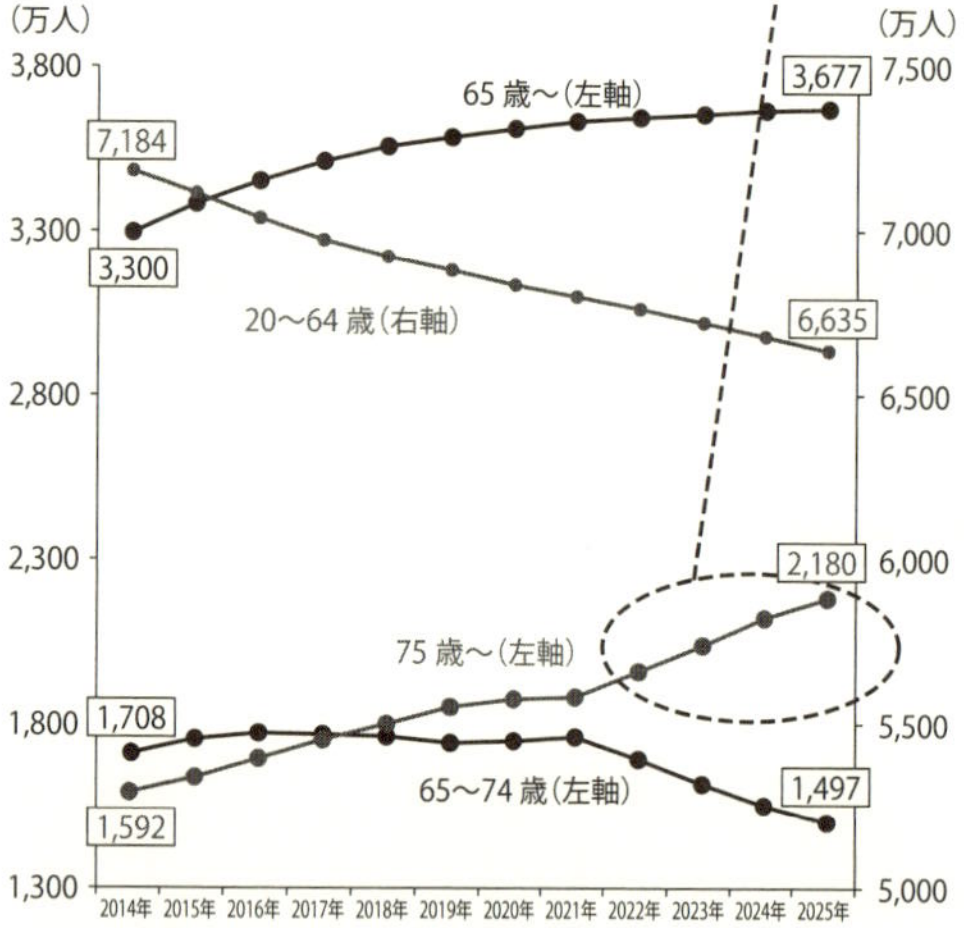

社会保障給付費の見通し

	医療（2015年）		介護（2015年）	
	1人当たり国民医療費（64歳以下：18.0万円）	1人当たり国庫負担（64歳以下：2.5万円）	1人当たり介護費（括弧内は要支援・介護認定率）	1人当たり国庫負担
65～74歳	56.8万円	7.6万円	5.5万円（4.4%）	1.4万円
		約5倍		約10倍
75歳以上	92.9万円	35.0万円	53.1万円（32.9%）	14.0万円

（出所）内閣府「国民経済計算」、総務省「人口推計」、国立社会保障・人口問題研究所「日本の将来推計人口（出生中位・死亡中位）」、厚生労働省「社会保障に係る費用の将来推計の改定について（24年3月）」「平成26年度国民医療費の概況」「介護給付費実態調査（平成26年度）」

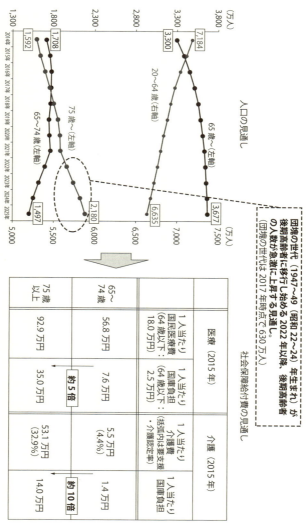

加する社会保障負担を、現在は、働く世代の2人で1人の高齢者を支えていますが、2050年には1・2人で1人を支えるようになるのです（図表32）。

図表32では、支えられる高齢者の人形の大きさは変わりませんが、高齢化で1人当たりの費用が増えていくことを考えれば、上に載っている人形は、この図で示されているよりも大きくなっていきます。これでは、持つはずがありません[11]。まずは、スウェーデンよりも大きな高齢者向けの給付について相当のカットを検討する必要があります。上に載っている人形の大きさを小さくしていくということです。ちなみに、半分の大きさにまでカットしたとしても、現役向けの給付費とのバランスで言えばOECD諸国の平均並みになるだけだという話があります[12]。

10　年金給付費は、2004年に導入されたマクロ経済スライドという仕組みによって、長寿化に伴ってむやみに増えていかないようになっています。

11　持つはずがないということの関連で言えば、図表32の2050年の年齢構成図はピサの斜塔とも言われます。女性の方が長生きなので右上の部分が大きくなり、今にも倒れそうなピサの斜塔に見えるからです。

12　2009年に麻生内閣が設置した「安心社会実現会議」の報告書で、わが国の高齢者一人当たりの社会保障支出額は現役向けの17倍にもなっており、その比率はOECD諸国の平均の倍以上だと指摘されています。

図表32　少子高齢化の進展（一人の若者が一人の高齢者を支える）

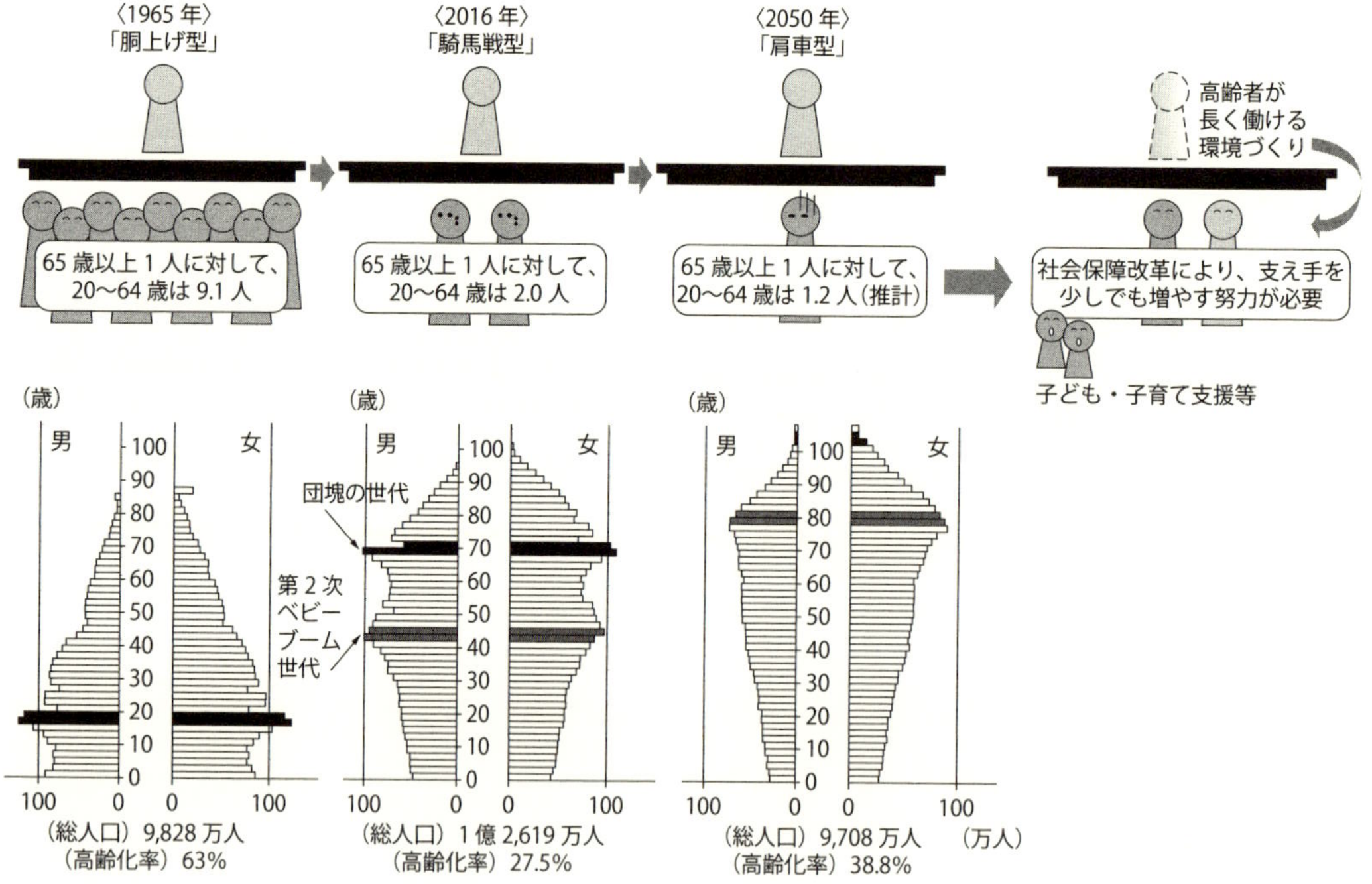

高齢者への手厚い給付

高齢者向けの給付を半分にカットしても、ＯＥＣＤの平均並みになるだけだなどというと、そんな無茶なと言われそうです。しかしながら、実は現状の方が相当に無茶なのです。そのことは、高齢者に手厚い給付が行われている結果、どんなことが起こっているかをご紹介すればおわかりいただけると思います。それは、わが国では個人の資産が死ぬまで増え続けるといったことです。[13]

普通、人の資産は働いているうちは増え続け、働くのをやめた老後には取り崩されて減っていきます。どこの国でもそうです。ところが、図表33でご覧いただけるとおり、日本でだけは亡くなるまで増え続けるのです。

このように言うと、いやそれは日本の年金が不十分だから、みんな貯金するのだという反論が返ってきそうです。１００歳を超えていた「きんさん、ぎんさん」も、テレビ出演のお金が入ったときに「老後の蓄えにします」と言っていたではないかというわけです。しかしながら、図表30に示されている平均１６３万円という年金の額は諸外国に例がない

13　投資の鉄則は「若いうちはリスクをとれ」ですが、わが国では、リスク資産の多くが高齢者の保有になっているというのもその一例です（日本経済新聞、２０１８・12・23「消えゆく個人投資家」）。

図表33　各国の年齢階級別資産額の状況

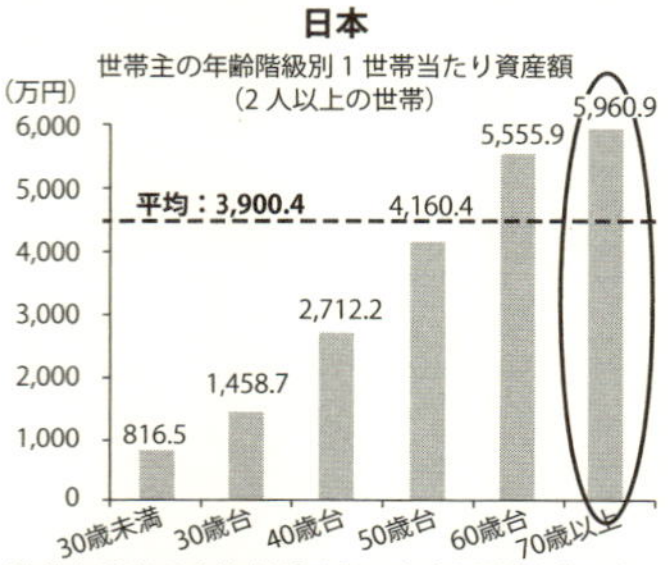

（資料出所）総務省統計局「平成16年全国消費実態調査」。
（注）家計資産編（純資産）より作成。
資産額は、金融資産（貯蓄－負債）と実物資産（住宅・宅地資産、耐久消費財資産等）の合計額。単身世帯は男女平均の値。

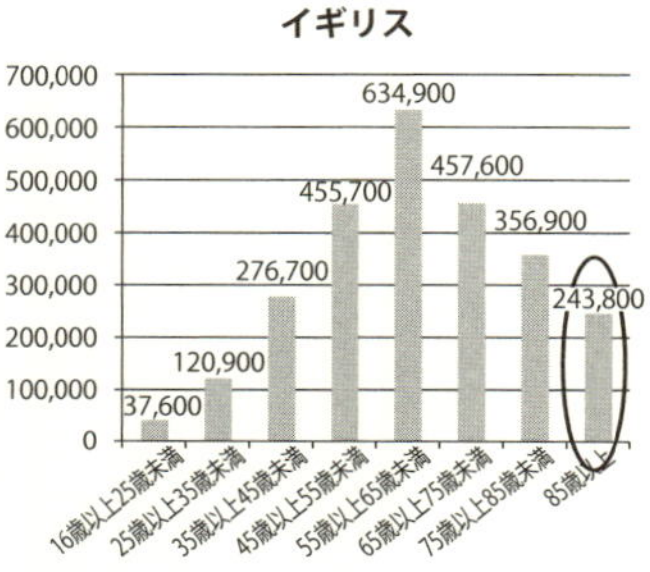

（資料出所）英国統計局「Wealth and Assets Survey（2006/2008）」
資産額は１世帯あたり、年齢階級毎の平均値。

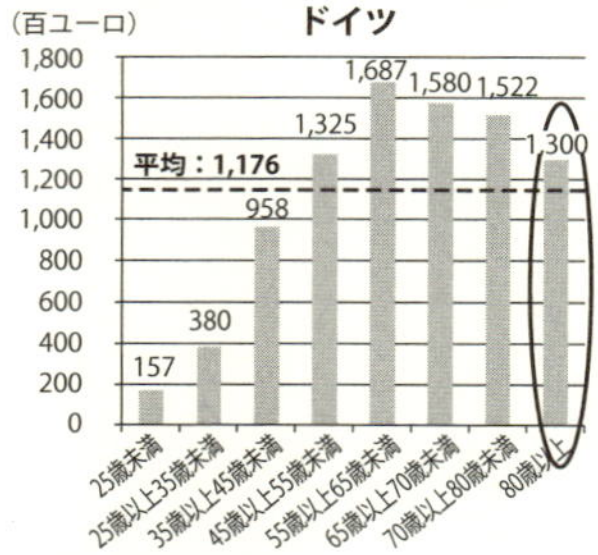

（資料出所）連邦統計庁「EVS2008」資産額は１世帯あたり、年齢階級毎の平均値。

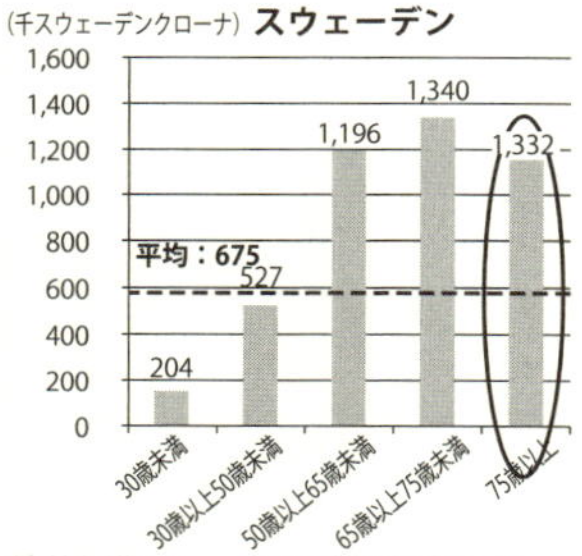

（資料出所）スウェーデン中央統計局「Wealth Statistics, 2007」
資産額は男女平均値であり、各国通貨単位にて表記。

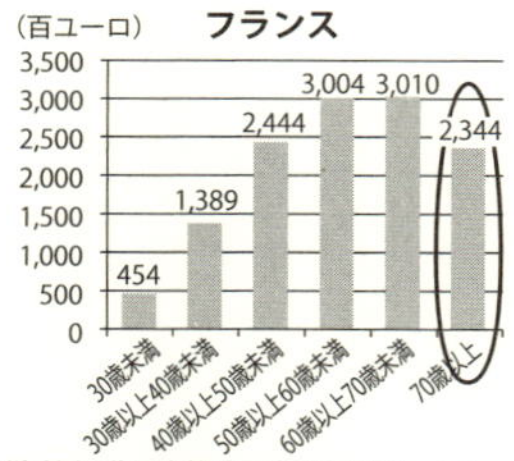

（資料出所）国立統計経済研究所「L'endettement des ménages début, 2004」
資産額は１世帯あたり、年齢階級毎の平均値。資産額は負債を差し引いていない額。

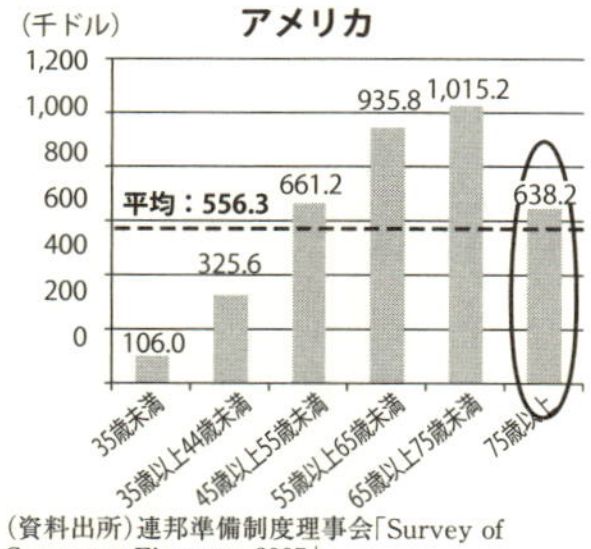

（資料出所）連邦準備制度理事会「Survey of Consumer Finances, 2007」
資産額は男女平均値であり、各国通貨単位にて表記。

（出典）香取照幸『教養としての社会保障』東洋経済新報社、2017、p157

ほどに高いものです。

最近、ベーシック・インカム[14]が話題になりますが、２０１７年からフィンランドで行われた実験[15]での支給額は、年間約１０３万円（７８００ユーロ）でした。１６３万円という、わが国の高齢者の平均的な年金額よりも、相当に低い額です。やはり、１６３万円という高い年金[16]が、亡くなるまで高齢者の資産が増え続けるという、わが国特有の現象を生んでいるというべきでしょう。

働き盛りの世代の貧困

わが国の社会保障を持続可能にしていくためには、図表32の支えられる高齢者の人形の大きさを小さくしていかなければならないということをお話ししましたが、支える側の人形を大きくしていくことも必要です。実は、それが、日本の成長力を、今後、先進諸外国並みにしていくべきだという本書のメインテーマです。ところが今日、支える側の人形、

14　ベーシック・インカムとは、政府がすべての人に必要最低限の生活を保障するだけの収入を無条件に支給する制度です。
15　２０１７年1月から2年間にわたって２０００人の失業者を対象とする給付が行われました。
16　高齢者の場合、医療費があまりかからないという要因も考えられます。

図表34　年齢階層別相対的貧困率の推移

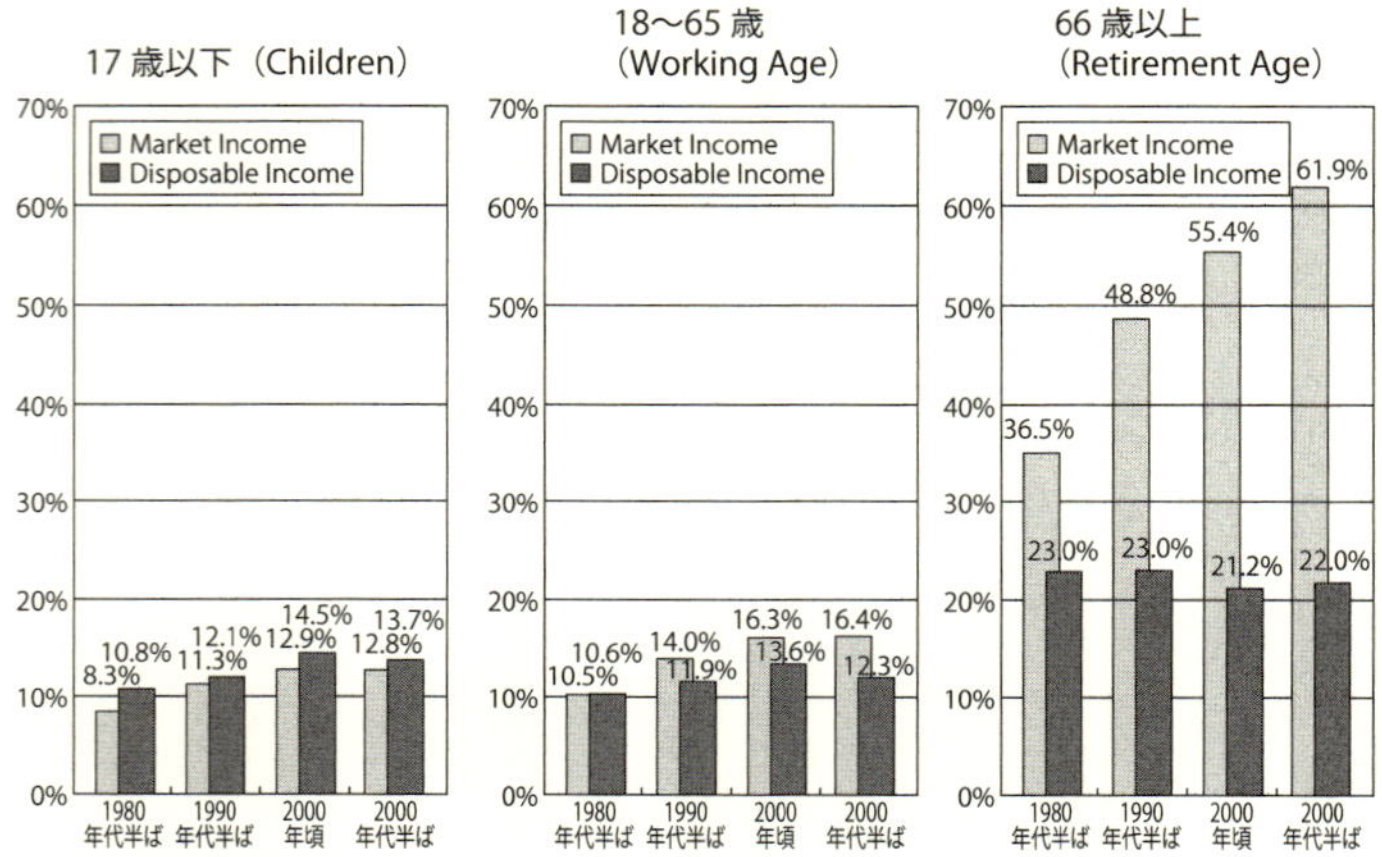

（資料）OECD "Income Study Project" の方式に沿って国立社会保障・人口問題研究所の研究班が国民生活基礎調査を再集計して算出した結果に基づき作成

すなわち働く世代は、高齢者に手厚い社会保障給付の反面として、随分とやせ細っています。それは、これまで子供の貧困ということで議論されてきた話です。

日本は、子供に冷たい国だと言われます。所得再分配後の子供の貧困率[17]が高くなるからです。所得再分配は格差是正のために行われるものですから、貧困率は、普通、所得再分配前（Market Income）よりも所得再分配後（Disposable Income）に下がります。ところが、図表34の17歳以下のグラフ（子供の貧困率）をご覧いただくと、貧困率が所得再分配後に上がっているのです。

日本以外にはそんな国はありません（図

表35)。そこで、日本は子供に冷たい国だ、とんでもない国だと言われるのです。

しかしながら、実はこの現象は、わが国の社会保障制度が高齢者にだけ手厚いことから当然に生じてくることなのです。相対的貧困率は家計単位で計算されますので、子供の貧困率とは17歳以下の子供がいる家計の貧困率です。17歳以下の子供がいる家計とは、働き盛りの家計です。わが国の人生後半の社会保障制度の下においては、税金や社会保険料を一番納めていて、そのくせ受益はほとんど受けていない家計です。図表29でご覧いただいた、スウェーデンよりも多い高齢者への給付の負担を引き受けながら、米国よりも少ない給付しか受けていない世代の家計です。ですから、所得再分配後の貧困率が上がるのです。働き盛りの世帯の貧困率（子供の貧困率）が上がるのです。

ちなみに、そのような仕組みで働き盛りの世帯の貧困率が上がる日本が、諸外国に比べて子供に冷たい国かというと、そんなことはありません。図表35をよくご覧いただくと、所得再分配後に上昇した13・7％というわが国の子供の貧困率は、ドイツ（16・3％）や米国（20・6％）よりも低くなっています。所得再分配前なら、スウェーデン（15・0

17　貧困率というときに使われる数値は、平均的な所得の半分以下の所得の家計を貧困家計として、一定のルールの下に算出される相対的貧困率の数値です。

図表35　子供の貧困率のOECD諸国との比較

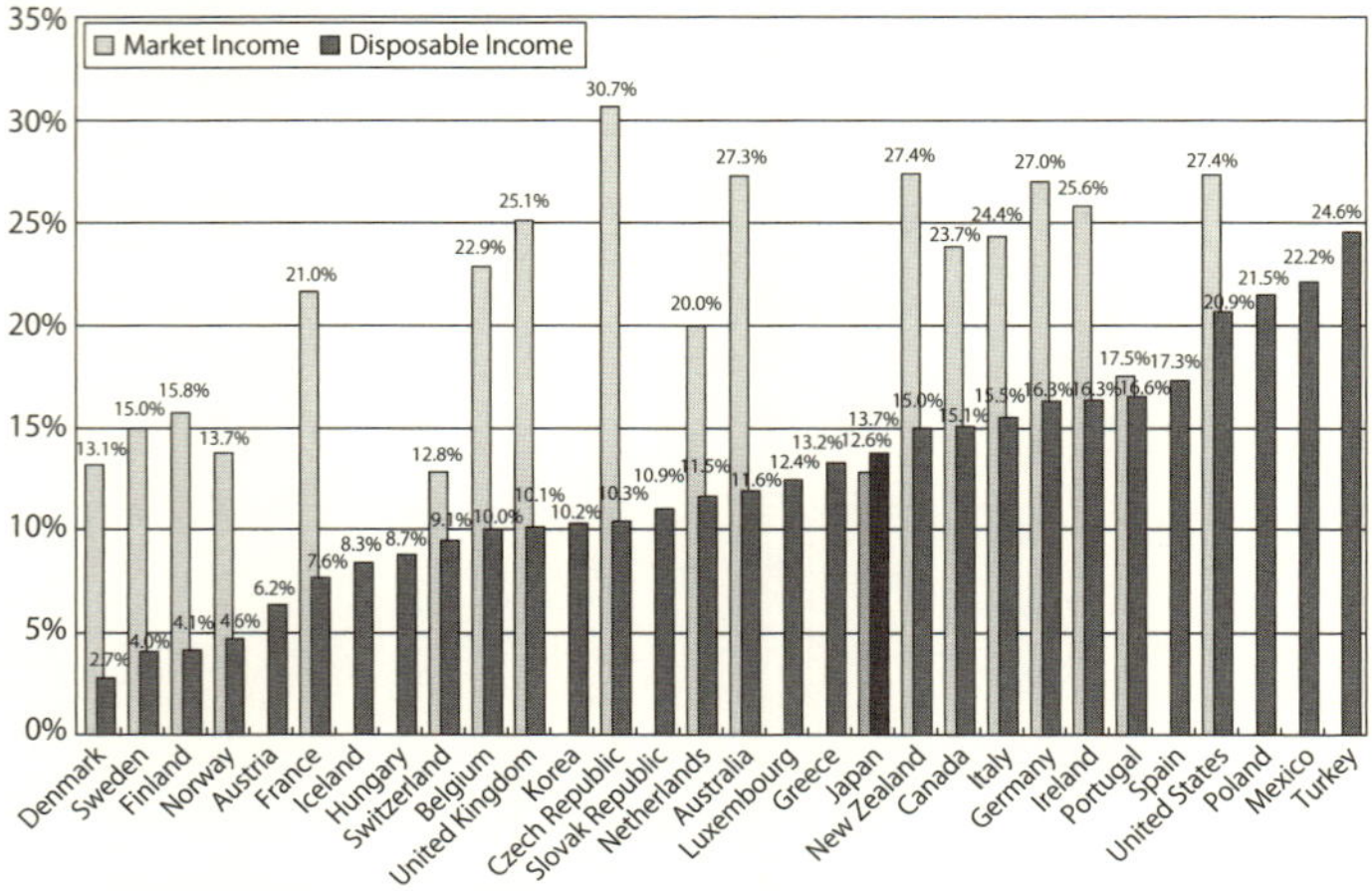

（資料）OECD Factbook 2009（日本のデータは国立社会保障・人口問題研究所の研究班が国民生活基礎調査を再集計した結果）より作成

（出典）香取照幸『教養としての社会保障』東洋経済新報社、2017、p130

％）よりも低くなっています。わが国には、まだ、分厚い中間層があるからです。

ここで、もう一つ注目していただきたいのは、図表34の66歳以上（高齢者）の貧困率です。所得再分配前（Market Income）の貧困率が年を追うごとに急上昇しているのに、所得再分配後（Disposable Income）にはむしろ下がっています。所得再分配前の貧困率が急上昇しているのは、同じ高齢者といっても高齢になるほど所得がない人が増えていきますから、平均寿命が延びるにしたがって、そうなっているのです。それが所得再分配後に下がっているのは、それを打ち消すほどの再分配が行われているからです。非正規社員の平均年収よりも多い年金をもらっている効果です。そんなこともあって、亡くなるまで高齢者の資産が増え続けるのです。

高い経済成長率を前提にしていたわが国の社会保障制度

わが国の社会保障制度が、今のままではとうてい持続可能でないことを見てきましたが、そのようなことになっている大きな要因は、その基本構造が高度成長期にできあがり、当時の高い経済成長率を前提に、支え手側の所得もどんどん伸びていくと考えていたからです。図表32の支える側の人形が、どんどん大きくなっていくと考えていたのです。ところが、今や日本の経済成長率は世界で最低水準になり、支える側の人形はほとんど大きくならなくなってしまいました。そのような中で、支えられる側ばかりが大きくなっていっているのです。

図表36は、ＯＥＣＤ諸国における社会保障支出と国民負担率の関係を示したグラフです。縦軸に社会保障支出のＧＤＰ比を、横軸に国民負担率のＧＤＰ比を示しています。社会保障支出が増えるにつれて国民負担率も増えますが、各国ともそれが一定の幅に納まっ

図表36　OECD諸国における社会保障支出と国民負担率の関係

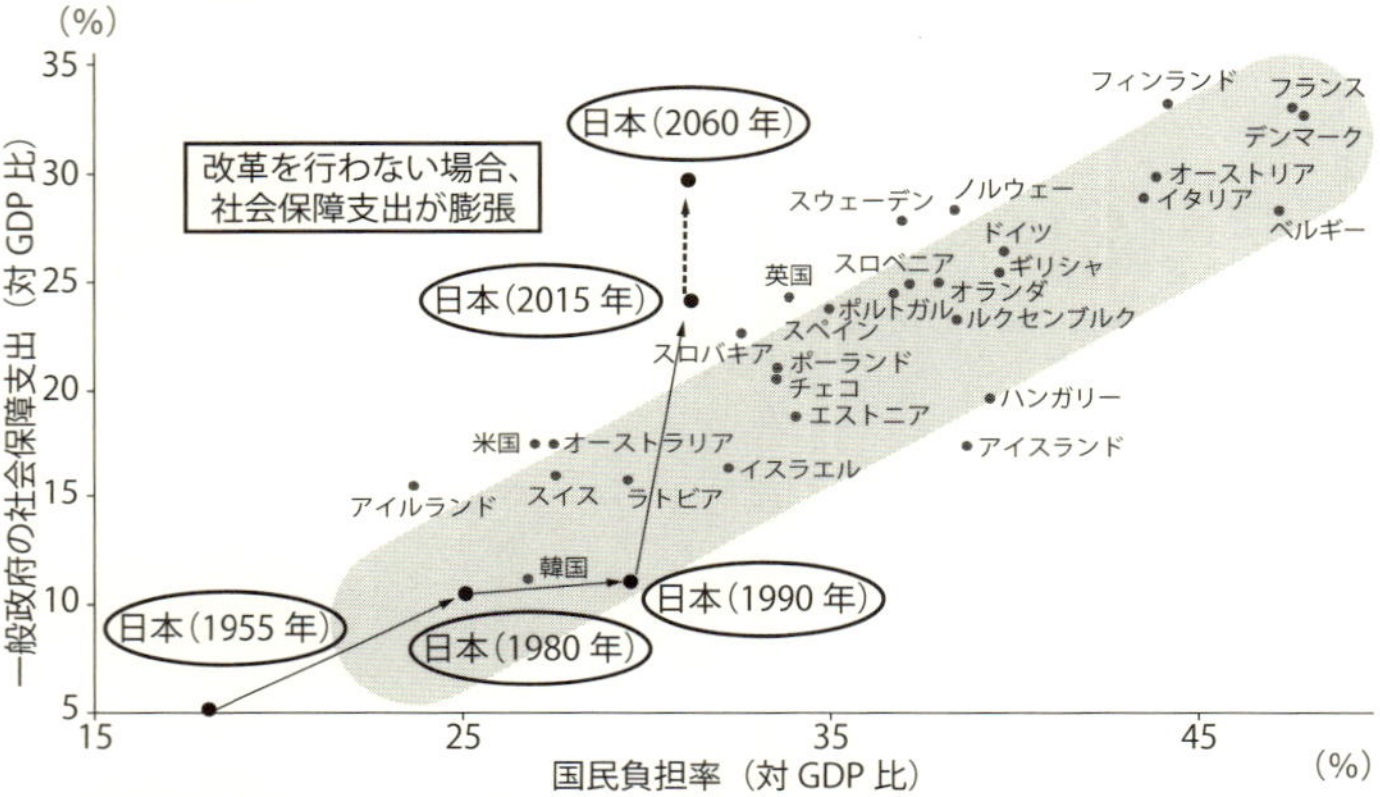

（出典）国民負担率：OECD “National Accounts”、“Revenue Statistics”、内閣府「国民経済計算」等。社会保障支出：OECD “National Accounts”、内閣府「国民経済計算」。
（注 1）数値は、一般政府（中央政府、地方政府、社会保障基金を合わせたもの）ベース。
（注 2）日本は、2015 年度まで実績、諸外国は 2015 年実績（アイスランド、ニュージーランド、オーストラリアについては 2014 年実績）。
（注 3）日本の 2060 年度は、財政制度等審議会「我が国の財政に関する長期推計（改訂版）」（平成 30 年 4 月 6 日　起草検討委員提出資料）より作成。

（出典）財務省主計局作成

ている姿がご覧いただけます。日本も、高度成長期の1955年からバブル崩壊直前の1990年までは、その幅の中に納まっていました。それが1990年以降は、ロケットが打ち上げられるように急上昇して、その幅の中からはみ出しています。経済が、それまでの想定どおりに成長しなくなったからです。

図表36の「改革を行わない場合」というケースで示されているのは、2060年までの今後45年間に、社会保障支出のGDP比が今日の25%程度から

30％程度にもなってしまうという姿ですが、この間の日本の成長率を毎年１％高めることができれば、すなわち他の先進国並みの成長率にできれば、ＧＤＰは、そうでない場合と比べて45年間に45％ほども大きなものになります。そうなれば、この絵は全く違った姿になります。[18]１９９０年までと同じように、一定の幅の中に納まっていくはずです。後ほど見ていきますが、それを実現しているのがスウェーデンなのです。

日本の成長率を現状よりも１％高めることは、支える側の人形を大きくしていくということです。社会保障制度を設計した当初の想定どおりのシナリオにしていくということです。ちなみにそれは、経済的には、少子化対策で人口を増やすのと同じ効果を持ちます。わが国の労働生産性が米国の半分以下だということをご紹介しましたが、それを米国並みにできれば、働き盛りの人の所得は今の倍以上になります。そのことを図表32に当てはめると、支える側の人形が倍以上の大きさになるということです。それは、経済的には少子化対策で働き盛りの人口が倍以上に増えるというのと同じことになるのです。

現在の低成長から脱却して、しっかりと成長するようになることが、社会保障の持続可

18　社会保障支出のＧＤＰ比が30％になる時に、分母であるＧＤＰが45％大きくなれば単純計算で30/145＝20.7％になります。ただし、ＧＤＰが、それだけ伸びる時には社会保障支出もより伸びるといった点を割り引く必要があります。

能性を高めるためにも必要なのです。少子化だから低成長はやむを得ないなどといっていては、わが国の社会保障の持続可能性についての答えも出てこないのです。

第5章

働き盛りの世代への投資

幸せな人は仕事ができる

日本を低成長から脱却させてしっかりと成長するようにするためには、わが国の雇用市場を柔軟なものに改革していかなければならない。それによって、選択と集中の時代に、企業がわが国で思い切った選択と集中ができるようになり、活力が取り戻されるとご説明してきました。しかしながら、それだけでは米国型の成長が実現するだけで、格差社会化が進んでいってしまいます。転職する人々がキャリアアップして所得が増えるようにしていく仕組みも同時に必要です。それによって、日本は本当に活力のある豊かな経済・社会を実現することができるのです。

そのためにはお金がかかります。相当の財政出動が必要になります。しかしながら、相当のお金をかければ、かけたお金以上のリターンが見込まれるはずです。転職によってキャリアアップしていくのが当たり前の社会になれば、人々はより幸せに仕事ができるようになり、労働生産性が大きく向上するからです。それは、幸せな人は仕事ができるということから導かれる話です。

幸せな人は仕事ができるというのは、現在東京工業大学の矢野和男教授が実証していることです。[1] 矢野教授は、日立の研究所で腕の動きを逐一記録するセンサーを開発して仕事の効率を計測しました。その結果、幸福な人は仕事のパフォーマンスが高く、クリエイティブなことを確かめたのです。矢野教授によれば、「重要なことは、仕事ができる人は成功するので幸せになるというのでなく、幸せな人は仕事ができるということ」なのです。幸福度が向上すると、コール・センターのような個人プレー中心の業務でも10～20％の生産性の向上が期待できる、よりチームプレーが必要な業務では37％を超える生産性の向上が期待できる、より創造性を求められる業務では300％にも及ぶ効果が期待できるとのことです。人は幸せを感じるときに効率よく仕事をするのです。その結果、経済全体も力強く成長するのです。人の幸せが経済成長につながると聞くと、なにか騙されているように思う方もいらっしゃるかもしれませんが、人の幸せといった心理的な状態に着目して経

1　矢野和男『データの見えざる手』草思社、2014

2　2017年のノーベル経済学賞は、行動経済学のリチャード・セイラー・シカゴ大学教授に授与されました。行動経済学は、経済学に心理学を取り入れたものです。経済学の心理学への着目という点に関しては、およそ100年前にも、全米経済研究所（NBER）の創設メンバーであるミッチェル博士が、心理学に注目することによって「経済学はその特異な理論体系を脱して、非現実的なモデルに頼ったメカニカルな均衡分析をやめるだろう。その時に、経済学は真の人間科学になるのだ」と述べています（「経済理論家（theorist）の心理学に対する見方が変化し始めた」*Quarterly Journal of Economics*）。経済成長をもたらすのは、「アニマル・スピリット」だと答えたケインズも、経済にとっての心理的な側面に着目していた経済学者だったと言えましょう。

済を考えることは、２０１７年にノーベル賞を受賞した行動経済学でも行われていることです。[2]

最近、働き方改革ということが言われます。残業時間規制といった物理的な面がもっぱら注目されています。しかしながら、より大切なのは「幸福な人は仕事ができる」という心理的な側面ではないでしょうか。心理的な側面に着目することによって、企業も国も力強い成長を実現できるのです。

実は、かねてより、日本企業は心理的な側面にも着目した人事管理を行ってきました。だから、高度成長期の高い経済成長を実現できたのです。その中心となってきたのが、日本の会社独特の人事部です。戦後、日本の会社の人事部は、新卒一括採用した社員を、定年まで勤めてもらうことを前提に、適材適所で会社の各部に配置してきました。[3] 終身雇用制が当然とされていた時代の人事の要諦は、「すべての杯《さかずき》で酒を飲め」といったものでした。[4] いったん会社に採用した以上は、とにかくその人の能力を最大限に引き出すような工夫をしなければならない。人それぞれなのは当たり前、それは酒の杯にいろいろな形があるようなもの。それを「この杯では酒は飲めない」などと言っていてはいけない。能力が劣っていると思われるような人でも、いろいろな仕事をさせてみれば、意外なところで能力を発揮して伸びていく、ひいては優秀な人材に成長していく。そして、会社の収益に大いに貢献することもあるというわけです。それは、すべての社員について「働くことの幸せ」を会社の人事部が考えていたということです。そのようにして人材を活用して長期的に会社を発展させてきたのが、日本の会社の人事部でした。それは、すべての社員との間でウィン・ウィンの関係を築いていくという役割だったのです。

ところが、そのような時代は、終身雇用制が日本経済の成長の原動力だった時代とともに終わりました。選択と集中の時代になって日本が世界の中で負け組になる中では、人事部はとんでもない仕事をさせられるようになりました。デフレ期に出現した「追い出し部屋」です。採算がとれなくなった部門の社員をやめさせるために、ほとんど無意味と思われる工場の庭の草取りなどを毎日やらせたのです。採算のとれる部門についても、選択と集中の時代には、いつ採算がとれなくなるかわからない。となると、そうなったときに機動的な対応ができるようにと非正規社員をできるだけ多く採るといったことを行うように

3　欧米の会社では、ある部局で人が必要になった場合にその部局のボスが必要な人材を採用します。会社の内外から応募者が募られ、能力が優れているとボスが考えた人が採用されます。そこには、会社全体として人を採用し、適材適所に配置して長期的に人材を育てていくという日本の人事部のような部局の出番はありません。

4　これは、筆者が若いころ、税務署長に出る前の国税庁の研修で教えられた言葉です。

なりました。

その結果、終身雇用を前提としていた社内でのオン・ザ・ジョブ・トレーニングの機能が弱体化し、イノベーション力を落としてしまう企業も出てきました。それは、これまで終身雇用制を前提に社員との間で築かれてきたウィン・ウィンの関係がほころんでしまったということです。そのほころびを修復していくためには、転職していく人が再チャレンジしてより高い所得の企業に再就職していけるような仕組みを、国が新たに創り出していく必要があります。[5] それによって、選択と集中で企業から解雇されても困らないようにするのです。余剰となった人材の転職を国が支援していく。そのような仕組みができあがれば、会社に不本意ながらに残っている人材がいなくなりますので、会社の人事部は、再び適材適所に人を配置して育てるという本来の職務に専念できるようになります。

終身雇用制が当たり前だった時代には、「働くことの幸せ」は会社の人事部が考えることでした。しかしながら、選択と集中の時代になって転職が当たり前になってくると、転職していく人には、会社ではなく国が転職を支援することによって、その人の「働くことの幸せ」を実現する手助けをしなければならないのです。それは、これまで会社の人事部がもっぱら担ってきた人的資源の活用を、国も一緒になってやっていくということです。

そして、それが国全体としての本当に活力のある成長につながるのです。

日本は資源の乏しい国と言われますが、人的資源だけは豊富です。その人的資源を、国というレベルで適材適所で活用できるようにすれば、日本経済は力強く成長していくはずです。[6]それは、高度成長期にできあがった終身雇用制によるウィン・ウィンの関係に代わる、新たなウィン・ウィンの関係を創り上げていくということです。

現状を変えるための先行投資の必要性

選択と集中の時代になって転職が当たり前になってきたので、国が転職を支援することによってその人の「働くことの幸せ」を実現できるようにしていくとの話に対しては、転職を良しとする文化がない日本では机上の空論だと言われそうです。今日の日本では、転職は一般的に良くないことだと思われているからです。現状は、まさにその通りです。しかしながら、それでは今日の世界で、日本が力強い成長を取り戻すことはできません。も

5　それは、国民一人一人が自らの能力を十全に発揮できるようにしていくということです。
6　経済財政諮問会議は、そのような問題意識から「成長のための人的資源の活用の今後の方向性について」という専門チームによる報告書を取りまとめています（清家篤座長、２０１３年）。

ちろん、最初に就職した会社が隆々としていて、その会社の中で自分の能力を十分に発揮できるのならそれでいいのですが、選択と集中の時代になって多くの日本企業は収益確保に四苦八苦しています。そのような企業には、十分に能力を発揮できない社員が数多く存在しています。それは、本人にとって幸せとはいえない状態です。

そう言われても、今日の日本では、幸せでなくても我慢して転職などしない方がいいというのが厳然たる事実です。そこから先は、「卵が先か、鶏が先か」という話になっていきます[7]。ただ、その現状を変えるための先行投資をしなければ、何も変わらないということだけは確かです。

現状では、自分の勤める会社の先行きが暗く仕事も面白くないからと言って、社員が会社を飛び出しても、より良い働き口など簡単には見つかりません。そして、職探し中の生活は、苦しいものになります。となると、一刻も早く次の職に就けるようにということで条件の悪い仕事でも就いてしまいます。そのような転職は、所得の上昇につながらず、国の発展にもつながりません。転職の現実がそのようなものですから、多くの社員は、不満を抱えながらも、現在の職にしがみつくのです[8]。そして、そのような社員を抱える企業は、低いROAやROEに悩み続けることになるのです。そのような悪循環から抜け出さなければなりません。

とすれば、当面、すぐには効果が現れないとしても、そのような悪循環から抜け出すための先行投資を国が主導して行っていかなければならないといえましょう。転職に際して、本人の努力しだいで所得が上がり、より幸せに仕事ができるようになることを支援する新たな仕組みを創り上げていかなければならないのです。

１１０兆円の隠れた大増税という「ゆでガエル」状態

新たな仕組みを創り上げていくためには、お金がかかります。その負担は現在の国民ということになります。将来、日本の成長力が高まるということなら借金でやればいいという人がいるかもしれませんが、今日のわが国の財政状況でそのために子供たちへの借金を増やすという選択肢はないと思います。しかしながら、新たな負担の議論になると、たちまち立ちすくんでしまうのが今日の日本です。国民のほとんどは、しっかりと税金や社会

7　「黒字の中小企業の廃業問題」のところでご紹介した中小企業政策を競争原理に基づくものに変えていくということも、その際に出てくる失業者の転職をしっかりと支える仕組みが、まず出来上がっていないとなかなか実現できないと思われます。

8　規制改革だけで柔軟な労働市場を創り出そうとしても無理な理由がここにあります。『「西洋」の終わり』pp74－75参照。

保険料を負担しているのに、それに見合う受益は受けていないと思っているからです。働き盛りの貧困のところでご説明したように、現在の人生後半の社会保障制度の下では、働き盛りの人々は負担ばかりで受益をほとんど受けていませんから、そのように思ってしまうのは無理もない話です。その思いの下に、新たな負担についてはとにかく反対です。しかしながら、現状をそのままにして低成長に甘んじていたのでは、国民生活は貧しくなっていくばかりです。

わが国が他の先進国並みの成長率になれば、すなわち経済成長率が毎年1％ほども高くなれば、毎年、550兆円のGDPの1％、5・5兆円、余計に経済成長することになります。現在、そうなっていないということは、毎年5・5兆円の成長が失われているのです。それは、毎年5・5兆円の隠れた増税が行われているのと同じです。それが、これまで20年以上も続いてきたということは、110兆円（5・5兆円×20年）以上の隠れた増税が行われてきたということです。それが今後も続くということは、これからも隠れた大増税が行われていくということです。

実は、その逆のケースを実現したのがスウェーデンです。スウェーデンの公的支出は、スウェーデン経済が失速していた1993年には対GDP比で72％にもなっていました。

それが2007年には49・7％に減少し、2015年でも50・4％です。[9] 図表36で、スウェーデンの位置を確認していただくと、スウェーデンの国民負担率は、今や、ドイツやフランス、イタリアよりも低くなっています。それは、スウェーデンが、1990年代以降、他の先進諸国よりも高い成長率を実現してきたからです。それによって、1993年から2007年の14年間で、GDP比22％余りの国民負担率の縮小を実現したのです。[10] 日本の成長率を1％高めることができれば図表36に示された日本の2060年は全く違った姿になって一定の幅の中に納まるということをお話ししましたが、それを実現したのがスウェーデンなのです。

わが国がこのまま低成長を続けていく、それによって隠れた大増税をしていくというのでは、わが国の子供たちの未来は暗いものになってしまいます。

「ゆでガエル」という言葉があります。カエルは熱いお湯に投げ込まれると、びっくりして飛び出しますが、水の状態からゆっくり加熱されるとそのまま茹で上がって死んでしま

9　ビル・エモット『「西洋」の終わり』、p243。
10　その間、社会保障制度の見直しも行われましたが、スウェーデンは、今日でも世界で最も充実した社会福祉制度の国と言われています。

うということです。毎年毎年5・5兆円もの隠れた増税状態になっている今日の日本は、既に半分、茹で上がっている「ゆでガエル」です。これ以上、茹で上がってしまわないための議論を始めるべき時期になっていると言えましょう。

明治維新も先行投資があって経済成長につながった

実は、明治時代の日本の経済成長も随分と先行投資が行われた結果です。明治維新を描いたテレビドラマや映画などを見ていると、坂本龍馬や西郷隆盛が活躍して明治の世の中になったら、すぐに経済成長が始まって明るい時代になったような印象を受けます。文明開化で新橋から汽車が走り出し、銀座にはレンガ街が登場して経済はどんどん成長していったような印象を受けます。しかしながら、そんなことはありませんでした。本格的な経済成長が始まったのは明治20年ころからです。それまでに明治政府は、随分と先行投資をしたのです。地租改正という大増税で財源を調達したうえで、殖産興業政策を推し進めたのです。[11]

このあたりは、筆者が大蔵省（当時）主計局の調査課長をしていたとき以来、長年研究してきたところです。明治維新政府は、徳川幕府を倒した戊辰戦争の戦費を太政官札という一種の軍票の発行でまかないました。当時の財政を担当した由利公正という人が、後に「紙屑で俺は天下をとった」と豪語していますが、その結果、財政は借金漬けになってしまいました。明治9年ごろに、高砂浦五郎という相撲取りが、「日本で借金が多いのは、芝居では守田勘弥と相撲では私、それと大蔵省だ」と語った話が伝わっています。政府が借金まみれということを、庶民も知っていた。そんな状態だったのです。

そんな状態の下で国家の近代化を行おうというので、政府は、明治6年から13年にかけて地租改正という大増税を行いました。地租とは、要するに江戸時代の年貢です。五公五民（領主の取り分と農民の取り分が半分ずつ）などと言われていた年貢です。その地租（年貢）による税収を倍にしたのです。それによって財源を確保し、近代国家の礎を築いていったのです。そのような大増税に対しては、大規模な地租改正反対一揆が各地で起こりました。[12] それを乗り越えて、経済発展のための先行投資を行って近代国家を作り上げていったのが明治維新政府だったのです。[13]

11　それを主導したのが、大久保利通でした。
12　明治10年の西南戦争は、不平士族の反乱とされていますが、その背後には地租改正に対する農民の不満もあったのです。
13　戦前、地方においても、増税しながらインフラ整備を行っていったことについて、『山縣有朋の挫折』松元崇　日本経済新聞出版社、2011、p207参照。

実は、スウェーデンも、大きな負担を国民に求めながら、今日の福祉国家を創り上げてきた歴史を持っています。スウェーデンも、わが国の明治維新期には、当時の日本と同じく遅れた貧しい国でした。国土の大半を森と湖沼に覆われて特段の産業もない、ヨーロッパ北方の貧しい国だったのです。しばしば食糧難と飢餓に悩まされ、貧困の苦しみをまぎらすための過度の飲酒が国民総アルコール中毒状態をもたらしていると言われていました。[14]女性の社会的な地位も低いものでした。財産所有権が認められず、銀行口座の開設や融資手続きにも夫の同意が必要で、酒類の購入もできなかったのです。そんなスウェーデンからは、明治維新ごろから始まって１９３０年代まで続いた米国への移民で、当時３５０万人だった総人口のうち延べ１５０万人が移民していったといいます。

それが、第一次世界大戦で中立を守り、戦争で荒廃した欧州諸国への輸出で経済が大きく伸びました。第二次世界大戦でも中立を守り、その経済的な地盤は確固たるものになりました。その経済的な地盤を土台に、スウェーデンは大増税による戦後の福祉国家の建設を始めたのです。

スウェーデンでは、１９６０年代に福祉国家のヴィジョンが提示され、それに必要な大増税が行われました。１９５９年から１９７９年までの20年間に、国民負担率をＧＤＰ比で20％以上も上昇させるという大きな増税が行われたのです。GDP比20％といえば、GDPが550兆円の今日の日本の感覚でいえば110兆円の大増税です。中でも、大きな増税が行われたのが地方でした。スウェーデンの税と聞けば、すぐに思い浮かぶのは、わが国の消費税にあたる付加価値税の25％[15]ですが、実は地方所得税の30％の方がよほど重い税になっています。[16]スウェーデンの地方所得税は、基本的に少しでも稼げば誰からもその所得の約30％が源泉徴収される比例税です。結婚していてもいなくても、子供がいてもいなくても、同様にかかってくる比例税です。[17]比例税と聞くと、逆進性が気になる読者がいると思われますが、スウェーデンではそのような議論はないと言います。その背景にあるのは、より多くの税を納めていれば、困った時にはより多くの社会保障給付が受けられ

14　「アルコール中毒」症状は、この時期にスウェーデンの医師によって発見されたとされています。
15　スウェーデンの付加価値税は、1958年に4・2％で導入された売上税が1969年に付加価値税に改変され、70年代の終わりに20％台、今日25％になっています。
16　25％の付加価値税は、30％の地方所得税を納めた残りの70％の所得を消費する際にかかってくるため、その負担は、最大でも所得の70％×25％＝16・5％です。30％の地方所得税に比べれば約半分の負担です。
17　税率は、地方ごとに若干異なります。スウェーデンの地方所得税と付加価値税を合わせた負担は、個人が稼いだ所得の半分弱になっています。日本の場合、500万円の所得がある人の所得税負担は、国と地方（住民税）を合わせて3～8％程度（結婚しているかどうか、子供がいるかどうかで違います）、それに消費税負担の8％を加えても稼いだ所得の11～16％程度です。

るという仕組みです。そのような仕組みの下にある30％の地方所得税は、スウェーデンでは、むしろ勤労意欲を高めるものと認識されているとのことです。[18] 筆者の財務省の先輩でスウェーデン大使をされた藤井威さんによれば、スウェーデンでは将来高い年金を受けるために実際よりも高い所得があると申告する人もいるとのことでした。

そのような仕組みを持つスウェーデンについて、ロンドン・スクール・オブ・エコノミクスのアンソニー・ギデンズ教授は、「社会的投資国家」だとしています。ギデンズ教授によれば、スウェーデンの社会保障は、事後的な所得格差の再分配という垂直的、形式的な是正ではなく、国民の人生における選択可能性を拡大する水平的、実質的な是正を目的としている。個人に投資することによって、個人がよりその能力を発揮して豊かな生活を実現する手助けをしている、それによって高い経済成長率も可能にしているのだというわけです。図表28でご紹介した、経済産業省の若手の報告書にある「年齢に縛られない社会保障を通じて多様で複線的な社会参画を促すことで、持続可能な新たな社会モデルを築く」ということに通じる話です。いずれにしても、そのような社会保障制度を、思い切った先行投資の下に創り上げ、今日の活力ある経済を実現しているのがスウェーデンなのです。

なにか、スウェーデンがいいというような話ばかりしてきましたが、でもそれは、そのスウェーデンをそのままま ねればいいと言いたいわけではありません。時代がどんどん変わっていますし、日本の現状はスウェーデンとはずいぶん違うからです。ただ、日本のあるべき仕組みを考える際にスウェーデンの現状は、大いに参考になるものと言えましょう。[19]

「他人のふんどし」で相撲を取っていた時代の終わり

ここで、もう一度、成長会計の話に戻って議論を整理しておきます。成長会計では、経済成長には三つの要素が必要とされていました。①技術革新と②資本と③労働力です。日本は、この三つの要素を十分に持っているのに、１９９０年代以降、低成長を続けているのです。①の技術革新の力を十分に持っていることは、日本がほとんど毎年ノーベル賞を

18　スウェーデンの企業の税負担は、国際的にみて平均的な水準です。スウェーデンの企業が労働者を一人雇う費用は、日本と同様の水準で、英国よりは高いが、独仏よりは低いとされています（井上誠一『高福祉・高負担国家スウェーデンの分析』）。この分析を行った井上誠一氏（厚生労働省出身）とは、筆者は内閣府で一緒でした。

19　国民負担による先行投資によって柔軟な労働市場を実現し格差の少ない社会を創り上げた国としては、デンマークもあります。『「西洋」の終わり』p76参照。

取る科学技術大国だということから明らかです。②の資本も十分に持っていることは、わが国の金融機関の海外向け与信シェアが世界一であることから明らかです。③の労働力についても、おおむね米国の半分以下という労働生産性が示しているのは、それを是正しさえすれば、日本の潜在的な労働力は現状の倍以上あるということです。それなのに日本が低成長を続けているのは、成長に必要な3要素が不足しているからではなく、3要素を活用するメカニズムがうまく働かなくなってしまっているからです。IT化によって世界の生産構造が変わってしまったのに、対応できなくなっているからなのです。

考えてみれば、わが国はかつての終身雇用制の下での高度成長の夢から醒めていないのでしょう。醒めたくないということなのかもしれません。かつては、終身雇用制の下、輸出企業が世界中で稼ぎまくり、そこからのトリクル・ダウンで1億総中流社会が築き上げられました。それは多くの国民にとって、輸出企業の稼ぎという「他人のふんどし」で相撲を取っていたような時代だったのです。輸出企業の稼ぎが当然に国内に入ってくるという時代だったからです。ところが、今日は違います。世界の生産構造が激変し、海外展開したグローバル企業の稼ぎは、そのままでは国内に入ってこない時代になっています。トリクル・ダウンの原資がなくなってしまったのです。「他人のふんどし」はなくなってしまったのです。

となれば、国民みんなが自分で稼ぐしかありません。いつまでも「他人のふんどし」で相撲を取っていた時代の夢ばかり追っていたのでは、一歩も前に進めません。そろそろ、「立ちすくむ国家」から卒業しなければ、わが国は貧しい中で格差社会になっていくばかりです。そして、一旦、格差社会になってしまえば、経済はますます低迷していってしまうでしょう。[20]

「立ちすくむ国家」の背景にあるのが、わが国の産業の二重構造問題です。中小企業分野の低生産性問題です。それは、かつての発展途上国がどうしても成長できなかった南北問題のようなものです。南北問題は、国連が開発の10年をやっても、20年やっても解消しませんでした。30年かけても解消しませんでした。それが、世界の生産構造がＩＴ化したことによって解消したのです。わが国の二重構造問題は、世界の生産構造がＩＴ化したことによって顕在化してきたものです。それまで、「他人のふんどし」で隠れていたのが顕在化してきたものです。

20　土地分配の不平等から生じた格差社会化を一つの要因として、その後の低迷を招いたと考えられる国にアルゼンチンがあります。アルゼンチンの国民一人当たりＧＤＰは、は、19世紀末には西欧列強と肩を並べていましたが、１９７８年には、イタリアの半分、カナダの５分の１になってしまったのです。フランシス・フクヤマ『政治の衰退』（講談社、２０１８、pp３４６－３５０）参照。

化してきたのです。[21] その解消のためには、変化した世界の生産構造に日本の生産構造を合わせていくしかありません。そのためには、国民が自らの負担で必要な投資をしていかなければならないのです。そうしないと失われた時代が、続いていってしまうのです。

これまでの経済政策では成長率は高まらない

国民に新たな負担を求めて必要な投資をしていかなければならないという説明をすると、そんなことをしなくても、日本の成長率を高めるためには、ちゃんとした経済政策を行えばいいだけのことだという反論が返ってきそうです。積極的な財政政策や金融政策、さらには規制改革を行っていけばいいのだ。問題は、それらをちゃんと行っていないだけのことなのだという議論です。そのような議論への答えは、これまでの本書の説明からすれば、成長会計には、積極的な財政政策や金融政策は登場しないということに尽きているのですが、それでは納得がいかないという読者もいらっしゃると思いますので、ここでそれらの議論についてもう少し整理しておくことにします。

まず、財政政策や金融政策に関しての端的な答えは、それらの政策では経済を成長させられないとケインズが言っていたことです。ケインズは、積極的な財政政策や金融政策で景気を「回復」させることができるという、画期的な経済理論を提唱しました。従来の古典派と言われる経済学では言われていなかったことです。それは「ケインズ革命」とも言われました。それによって、１９２０年代の世界大恐慌を克服することができるとしたのです。しかしながら、ケインズは、同時に、そのような政策で経済を「成長」させることはできないともしていました。そこで、ある人が経済成長のためには何が必要なのかとケインズに問うたそうです。それに対するケインズの答えは「アニマル・スピリット」というものでした。アニマル・スピリットとは、起業家精神、チャレンジ精神といったものです。ケインズは経済成長に関しては人々の心理的な側面に注目していたのです。

ケインズ経済学でダメなら、成長理論で有名なシュンペーターの経済学はどうでしょうか。シュンペーターは、創造的破壊によって経済を成長させることができるとしました。創造的破壊とは、企業家による新たな生産要素の結合です。今日、世界には、ＩＴ化によって劇的な生産要素の新たな結合が次々にもたらされるようになっています。選択と集中

21　二重構造問題は、実質労働生産性の伸びを諸外国並みにすることでは解消されません。図表３に示されている名目（付加価値）労働生産性の伸びを、諸外国並みにしていく程度の伸びが必要です。そのことは、わが国の農業が実質労働生産性を相当程度伸ばしてきたのに低生産性構造が解消されなかったことから、おわかりいただけると思います。

の時代は、創造的破壊の時代だということもできそうです。しかしながら、そこにも積極的な財政政策や金融政策は登場しません。成長の源泉としては、やはり起業家が創造的破壊を行うといったアニマル・スピリットや、それを引き出す仕組みが大事なのです。

日本の経済学者ではどうでしょうか。戦後の高度成長を理論づけたことで有名な経済学者に下村治という人がいます。他のほとんどの経済学者やエコノミストが日本経済の成長力に疑問を持っていた時期に、日本の高度成長を理論づけました。その下村理論には、金融政策が出てくるのです。しかしながら、その理論は、日本経済には高い成長力がある。それを抑制するような金融政策はいけないとしたものでした。積極的な金融政策で経済を成長させられるというのとは正反対の理論でした。

なお、財政政策ということで言えば、日本の高度成長は、先の戦争中の赤字財政が戦後のハイパー・インフレーションにつながったという反省に立った厳格な健全財政路線の下に成し遂げられたものでした。当時、積極的な財政政策を主張した学者はいませんでした。[22]

そうはいっても、低金利政策や補助金で経済を成長させることができるという理論はあります。かつて、ドイツの経済学者フリードリッヒ・リストは、英国の経済学者リカードらの自由貿易主義に対して、経済発展の遅れた国は幼稚産業を保護することによって経済を成長させられる。そのために保護貿易主義をとるべきだとしました。その幼稚産業保護の手法として、特定の産業に低利資金や補助金を供給するという政策があるのです。そのような政策で対象となった産業や企業を成長させることはできるのです。しかしながら、世界中のどこで何でも製造できるようになった今日では、そのようにして成長させた企業が国内に留まるという保証はありません。低利融資や補助金で特定の産業や企業を保護・育成しても、それが一国の経済を成長させるという保証はないのです。日本が企業に選ばれる国にならない限り、そのような政策にも期待はできないのです。

今日のわが国で低金利がいいと言われるのは、世界で最低水準の経済成長になってしまっているからです。日本経済の活力がないからです[23]。そもそも、企業の資金調達には、株式の新規発行による直接金融と借り入れによる間接金融があります。直接金融に対して求められるリターンが配当で、間接金融に対して求められるリターンが金利です。配当につ

22　そのように言うと、積極的な財政政策や金融政策で有名な金森久雄氏などはどうかと言われそうです。しかしながら、金森氏などの理論は、日本経済には本来の実力があるので、その実力を発揮させるために積極的な財政政策や金融政策をとるべきだとの主張です。いわば、景気回復のための理論で、日本経済の成長率を高めるための理論ではないと考えられます。

いては高い方がいいとされています。[24] とすれば、金利についても同じようなことが言えるはずです。日本企業が活力ある成長を取り戻せば、そのような議論が出てくるはずです。ちなみに、先進国で最高水準の経済成長をしている米国の有識者の間では、単純に低金利がいいなどという議論は行われていません。[25] 米国においてはＦＲＢ（連邦準備制度委員会）の出口戦略で金利が引き上げられると金融株が上がったりします。それは、直接的には、金利引き上げで金融機関の収益機会が増えるからということですが、同時に、米国企業が高い金利を払えるだけの成長をしていることの裏付けがあるからです。

次に、規制改革で成長率を高めればいいという議論はどうでしょうか。この議論には、その通りという面があります。筆者自身も、内閣府時代、規制改革会議の議論に参画し、随分と各方面の規制改革の進捗に努力しました。しかしながら、日本経済の一番の制約要因になっている労働市場の柔軟化という点に関しては、規制改革だけでは無理なのです。それは、これまで述べてきたとおり、現状でそんなことをすれば、解雇された従業員が困ってしまうからです。[26]

諸外国でも、現状を無視して、とにかく規制改革をすればいいという議論は行われなくなっています。例えば、かつてワシントン・コンセンサスというものがありました。

１９８９年、ワシントンで開かれた会議で、経済発展の遅れた国の経済を政府規制の制約から解き放つことによって成長させられるという合意がなされました。それは、貿易や資本移動の自由化、国営企業の民営化などを求めたものでした。しかしながら、それらの政策を推し進めた結果は、みじめな失敗に終わったのです。[27]

なぜワシントン・コンセンサスが失敗したのかといえば、先進国が長い年月をかけて創り上げてきた社会・経済の仕組みを当然の前提にしていたからです。そのような前提の下

23　世界で最低水準の成長しかできない経済構造をそのままにして低金利政策によって経済を成長させようとしても、資金は外国に流れていくことになりかねません。

24　伊藤邦雄一橋大学教授は、自己資本利益率（ＲＯＥ）について、８％以上が望ましいとしています。

25　米国で行われているのは、景気に対して中立的とされる中立金利の水準の議論です。２０１８年11月時点で、３％程度の水準が議論されています。

26　規制改革は、敗者が適応するのを助け、不平等拡大を防ぐ手段を含んでいなければならないとの主張もあります。『「西洋」の終わり』pp84－85参照。

27　例えば、資本移動の自由化は、国内の投資に弾みをつけて高い経済成長をもたらすはずでした。しかしながら、自由化を行った結果は、流入した資金は投資よりも消費を刺激してしまいました。そして資金流入がもたらした通貨高が貿易財の収益性を悪化させて低成長をもたらしてしまったのです。特に失敗とされたのが、アジアの金融危機の際にＩＭＦがワシントン・コンセンサスに基づいて各国に求めた処方箋でした。その結果、ＩＭＦは一時すっかり信用を失ってしまいました。

28　実は、ワシントン・コンセンサスが出てくる前には、世界銀行において、規制を徐々に緩和していった戦後日本の成長戦略についての研究が行われていました。それを、ワシントン・コンセンサスを良しとした経済学者たちは、縁故主義的で特異な経済（クローニー・キャピタリズム）だとして排除したのです。

では、余分な規制をなくすことによって市場がより効率的になるというのはその通りです。しかしながら、途上国にはそのような前提がなかったのです。[28]それを考慮しなかったので改革は失敗したのです。[29]わが国にも、戦後、定着した終身雇用制を前提に、先進諸外国とは異なったさまざまな仕組みができあがっています。それを無視して、規制改革だけで柔軟な労働市場を創り出そうとしても無理なのです。

最後に、増税は経済成長を阻害するという議論に触れておきます。この議論については、短期と中長期を分けて考える必要があります。景気対策と経済成長を分けて考えるということです。増税は、短期的には「景気」に対してマイナスの影響を与えます。しかしながら、中長期的な「経済成長」にマイナスの影響を与えることはありません。それは、ケインズ的な景気刺激策が「経済成長」をもたらさないということの裏返しとして、すぐに出てくる結論です。[30]理論的にはそれで尽きていますが、実際問題として増税が中長期的な経済成長を阻害することはないということの一番の証拠は、今日、日本よりも税負担がはるかに大きな先進諸外国が日本よりも高い成長率を示していることです。日本が相当に大きな増税をして行きつく姿がそれらの国々なのに、それらの国々は、日本より低いどころか1%ほども高い成長率になっているのです。増税によって成長のために必要な先行投資を行ってきたからです。

投資なくして成長なし

わが国の成長力を取り戻すためには、先行投資が必要です。投資しない企業は成長しません。国家も同じです。投資なくして成長なしです。そのためには、新たな税負担による財政出動が必要です。これまで、財政出動と言えば、わが国では、借金による財政出動ばかりでした。かつては、それでよかったのです。終身雇用制による経済成長のエンジンがフル回転していた時代には、ちょっとした不況期に、借金による財政出動で元気をつけてやれば、日本経済は世界でも一流の活力で疾走し続けたのです。景気が回復すれば税収も増えましたから、借金返済をことさら心配する必要もなかったのです。

しかしながら、今や時代が変わってしまいました。かつてのような財政出動をしても、

29　改革が失敗しても、ワシントン・コンセンサスの支持者たちは、改革が不十分だからだとして、改革すべきリストを付け加えていきました。その結果は、「無情にも成長の加速どころか、逆の結果をもたらした」のです（ダニエル・ロドリック『エコノミクス・ルール』pp143－149）。

30　税は、何であれ経済活動をゆがめるので成長に対してマイナスだという議論がありますが、それでは経済成長の基盤にある国家自体が成り立たなくなってしまいます。多くの経済学者は、そのような議論にはくみしていません。

経済に活力は戻らず、いたずらに借金を積み重ねるだけになってしまっているのです。その先には、借金地獄に落ちた貧乏生活が待っているだけです。いや、世界で最低の経済成長率を続けていることが、毎年毎年、隠れた大増税をしているのと同じだということからすれば、今、既に貧乏生活の地獄に落ちてしまっているとも言えます。その地獄から脱却するためには、成長のための新たな税負担による財政出動が必要なのです。

新たな税負担による財政出動となれば、国民的なコンセンサスが不可欠です。ところが、そのための議論はほとんど行われていません。そのような議論をまず行うべきなのは政治家と言われるかもしれませんが、現状では、それを政治家に求めることは難しいでしょう。国民が新たな負担の話など聞きたくないと思っているからです。人生後半の社会保障制度の下、負担ばかりさせられている現役世代は、負担の話はもうたくさんだと思っているからです。高齢者世代は、負担の話になれば、自分たちの給付が削られるに違いないと思って拒絶反応を示すからです。その状況の下で、政治家がうかつにそんな話をすれば、政治生命にかかわってしまいます。[31] 民主主義には、問題を先送りするという性質もあるのです。[32]

筆者は、経済財政の司令塔とされる経済財政諮問会議を担当する内閣府の政策統括官になったころから、その状況を変えていくためにはどうしたらいいのだろうかということを考え続けてきました。高齢者向けの給付（２５５万円）がスウェーデンよりも手厚くなっているということを示して、その相当部分を、現役世代の再チャレンジのために回してもいいのではないかといったことを議論してみたりしました。[33] しかしながら、そのようなことは、シルバー民主主義の下ではとうてい無理だという話にしかなりませんでした。本書では、さらに踏み込んで、増税によってそれを行わなければならないと主張しています。[34] 臥薪嘗胆の勧めです。ますます無理だという反応が返ってきそうです。それでも何らかの議論が始まるきっかけになってくれればと思います。[35] そうしないと、戦後わが国が創り上

31　「悪いニュースを伝えた人は良からぬ目に遭う（ジェフリー・フェファー『悪い奴ほど出世する』p２７７）」ということが言われます。政治家が増税などを言い出せば、良からぬ目に遭うというわけです。
32　『「西洋」の終わり』p46参照。
33　財政民主主義の観点から、明治以降の経済発展が、大きな国民の負担の下に行われてきたということを歴史的に考察したのが、松元崇『山縣有朋の挫折』（日本経済新聞出版社、２０１１）です。
34　本書では財政再建の話には触れていません。財政再建をしようが先延ばしにしようが、現在、日本が世界で最低水準の成長率になっていることには直接の関係がないからです。ただ、財政再建をしない間に財政破綻になってしまえば、本書で述べている改革は、ますます難しくなります。
35　最近、全世代型の社会保障が言われるようになりました。当面、子育てのための施策といった議論が中心になっていますが、そこから、若者が再チャレンジできる仕組みも含む本格的な議論にまで射程が及んでいけばと思います。

げてきた分厚い中間層はやがて消滅していってしまい、豊かな未来を子供たちに残してやれなくなると思うからです。

コラム

スウェーデンはいかに公正と競争を両立させてきたか

宮本太郎

日本とスウェーデンは、1990年代の半ばまで先進国ではともに例外的に失業率が低い国でした。しかし、両国は、失業を抑制する方法においてはきわめて対照的だったのです。日本は生産性が低い企業であろうと高い企業であろうと、企業が労働者を解雇せず、抱え込むことによって失業を抑制しました。スウェーデンは生産性が低い企業から、国際競争力のある生産性の高い企業へ、労働者を移動させることによって失業を抑制しました。

労働者の移動はどのようにすすめられたのでしょうか。それはこの方法を創案したイエスタ・レーンとルドルフ・メイドナーという二人の経済学者の名前をつけて、レーン・メイドナーモデルと呼ばれた仕組みでした。レーン・メイドナーモデルは、大きく三つの政策の連携で成り立っていました。

第一に、連帯的賃金政策です。これは、同じ内容や難度の仕事の賃金は同じ水準とする、同一労働同一賃金を目指すものです。日本のように当該企業の生産性や利潤に連動して賃金が決まるのではありません。企業を超えて賃金の公正を実現するというのが連帯的という言葉が使われた理由ですが、このような賃金政策のもとでは生産性の低い企業では労働コストが高くなり経営が厳しくなります。

第二に、抑制的な財政政策です。日本であれば、生産性が低く利潤が出ない企業を救うことが雇用を維持する方法でした。公共事業や様々な業界保護や助成金などがそのために動員されました。これに対して、スウェーデンではこうした施策は原則として用いず、あえて低生産性の企業を守りませんでした。

第三に、積極的労働市場政策です。労働コストを支払えずに企業が倒産し、そこで働いていた労働者が路頭に迷ったのでは連帯的賃金政策の意味がありません。したがってここで、公共職業訓練などによって生産性が低い企業から高い企業へ労働者を移動させていく積極的労働市場政策が決定的な意味をもつのです。

同一労働同一賃金の仕組みのもとでは、生産性や利潤の高い企業には逆に有利な条件が生まれます。こちらでは労働コストが押さえ込まれるために、余剰が生じるのです。その結果、資本の移動が奨励され産業構造の転換が推進されます。同時に、この余剰の一部を社会保障財源として国が吸い上げます。とはいえスウェーデンの社会保障の内容は、育児休業期間中の所得保障やリカレント教育など、人的資本への投資という側面が強く、企業経営にとってもプラスになるところも大きいのです。

このようにレーン・メイドナーモデルは、社会的平等や公正と市場競争や経済成長を両立させ、インフレを抑止しながら完全雇用を実現しようとした、きわめて創造的な政策リンケージでした。

レーンとメイドナーはスウェーデン労働総同盟（ＬＯ）のエコノミストで、少なくとも１９５１年の労働総同盟の大会で二人がこのモデルを提示した時には、支持するものは決して多くはありませんでした。しかし、その後、同一労働同一賃金の賃金政策が追求され、また、労働市場庁が積極的労働市場政策に取り組み始めるなど、このモデルが動き始めることになります。

もちろん、この考え方がどこまでそのとおりに実現されたかについては議論があります。スウェーデンでも厳密な同一労働同一賃金を実現する職務評価表を確定することは困難でした。また、時には景気浮揚のための財政出動もなされました。けれども、大枠のところではこうした考え方がスウェーデンの雇用安定と経済成長を方向づけたことは間違いありません。１９６１年には、首相ターゲ・エルランデルが、このモデルがスウェーデンの雇用政策の指針になっていることを公式に認めました。

しかし、今日、このような考え方がそのままのかたちで適用可能かというと、そこは難しい問題がいくつか生じています。ＩＣＴに基づく技術革新の時代には、生産性の高い企業はさほど労働力を吸収しません。これまでは労働者の移動先は、より処遇のよい安定した企業であったわけですが、今日の労働移動は必ずしもそれは保障されません。また、公共職業訓練など企業の外部で先端の技術を学ぶことも難しくなっていきます。さらに同一労働同一賃金の賃金体系により賃金が高止まりすると、ベンチャービジネスなどが立ち上がることがしだいに難しくなります。

日本にこうした考え方を導入しようとすると、困難はいっそう増すでしょう。スウェーデンではあくまで職務給が中心で、子どもの教育費や住宅にかかるコストなどは公的に保障されています。これに対して、日本では勤続年数に基づく年功賃金がまだ根強く、家族扶養や住宅のコストなどは年功賃金に頼らざるを得ません。こうした条件のもとで職場を変えることには大きなリスクが伴います。そして、生産性が高い企業がそんなに労働力を吸収しなくなっているという事情は日本も同じです。

実は、日本でも2013年ごろから、産業競争力会議などでスウェーデン的な「失業なき労働移動」を実現すべきという提起がなされてきました。それまで日本では、不況期などに雇用を維持した企業に対する「雇用調整助成金」が大きな役割を果たしてきました。これを再就職支援をする企業への「労働移動支援助成金」に置き換えていくことも決められました。しかし、実際には労働移動とは賃金や処遇の引き下げを意味することが多く、政策転換への支持は広がってはいませんし、「労働移動支援助成金」も活用されているとは言いがたいのが実情です。

レーン・メイドナーモデルを新しい時代にいかに蘇らせるか。日本にどのようにその経験を活かすか。新たなチャレンジが求められています。

第6章

国がだめでも企業は発展する

オープン・イノベーションが苦手な日本企業

ここまで、日本が活力を取り戻すためには、硬直的な労働市場を柔軟なものにして、日本企業が日本に投資するようにしていかなければならないという話をしてきました。それがなかなか難しいという話をしてきました。しかしながら、それが難しくて日本経済が活力を取り戻せないとしても、個々の日本企業の発展は、それとは別に考えられます。ＩＴ化で世界が一つの国のようになり、国の発展と企業の発展が必ずしも一致しなくなっているからです。そこで、最後に、日本企業が発展していくための日本型経営について見ていくことにします。

ここまで、わが国の終身雇用制が選択と集中の足かせになって、日本経済の成長力を殺いでいるという話をしてきましたが、それは日本企業の経営の中核にある幹部社員の終身雇用制までもがいけないと言いたかったわけではありません。実は、幹部社員の終身雇用制は、日本企業の強さの根幹にある仕組みです。また、そのような終身雇用制と一体となった新規学卒一括採用制は、日本社会の安定の根幹にある若年失業者の少なさに大いに貢献してきた仕組みです。

最近、ＳＤＧｓ（Sustainable Development Goals、持続可能な開発目標[1]）というものが

注目されるようになってきていますが、同様のことをめざしてきたのが日本の会社です。そこでは、会社に帰属意識をもった幹部社員の存在が不可欠です。ですから、企業は有能な若者を、そのような幹部社員候補者として採用すべくしのぎを削っているのです。そして、そこではそのような幹部社員になるという志を持った多くの若者が新規学卒で応募してくることが不可欠なのです。

とは言え、選択と集中の時代になって、転職や中途採用が珍しくなくなってきた今日、これまでと同じ形の終身雇用制や新規学卒一括採用制を維持していくことは難しくなってきています。これまでの日本型経営の良さは守りながら、新たな経営手法や人事管理を考えていかなければならなくなってきているのです。そこで、ここからは、今日の世界をリードしている米国型の経営と日本型の経営の違いを踏まえながら、今後のあるべき日本型の経営について考えていくことにしたいと思います。

まずは、日米の経営の違いのわかりやすいケースとして、会社が傾いたときに行われる思い切った賃金カットについての話です。米国の会社では、そのような場合、大胆な賃金

1　本章末、中島厚志のコラム参照

カットを行い、それを行った役員に多額の報酬が支払われます。筆者のスタンフォード大学時代の友人の原丈人[2]さんによれば、２００８年の航空不況の時に３４０億円の賃金カットを行った米国の航空会社の経営陣には２００億円ものボーナスが支払われたそうです。それに対して、日本の会社では、そのような場合には経営者がまずは自らの報酬を大幅にカットします。米国とは、１８０度、反対の対応になります。

　米国の取締役会の最大の仕事は、株主により高い配当を実現することです。ですから、従業員の賃金を大幅にカットして株主への配当を確保した航空会社の経営陣に大きな報酬が与えられたのです。しかしながら、日本の会社がそのようなことを行えば大変なことになるでしょう。まずは、社員のモチベーションが低下します。そして、社員が幸せを感じなくなります。となると、「幸せな人は仕事ができる」ということの反対で、幸せを感じなくなった社員の生産性が低下し、会社はさらなる経営危機に直面することにもなりかねません。となると、株主への配当も、長期的には低下します。米国流ではだめなのです。日本では経営陣に従業員と命運を共にするという帰属意識が求められるのです。

　日本の会社の幹部となるべく採用された者には、採用されたときからそのような帰属意識を持つようなオン・ザ・ジョブ・トレーニングがなされます。それに対して、米国の状況は全く異なります。米国では、ビジネス・スクールやロー・スクールの卒業生が多くの企業を渡り歩きながら偉くなっていきます。[3] 会計や法務、販売、さらには人事といったさまざまな分野の専門家として多くの企業を渡り歩きながら偉くなっていくのです。特定の会社に対する日本のような帰属意識など期待されません。[4]

そうした人々が実績をあげたうえで最終的に占めるポストが米国の取締役でありCEO（最高経営責任者）です。米国の取締役会の重要な仕事は、そのようにして渡り歩く人たちを経営幹部としてヘッド・ハントしてくることです。例えば、ある会社の販売が弱くて赤字になっているなら販売に強い人を、経理が弱くて赤字になっているなら経理に強い人をというようにヘッド・ハントしてくるのです。

そもそも、米国の取締役は、自らが多くの会社を渡り歩いてきた人たちですから、誰が販売に強いか誰が経理に強いかといった情報をよく知っています。また、そういったヘッ

2　シリコンバレーで起業したベンチャー・キャピタリスト。考古学者。筆者が内閣府の事務次官を務めていた2013年4月に経済財政諮問会議で発表していただきました。

3　一橋大学商学研究科教授のクリスティーナ・アメージャン教授によれば、そのようなシステムの米国には社外取締役という概念はないとのことです。日本の感覚で言えば、全員が社外取締役だからです。

4　IBMやGEといった伝統的な企業の中には、幹部候補生について終身雇用的な形での育成を行っているところもありますが、日本のような帰属意識まで求められることはありません。

ド・ハントの支援を専門にしている会社も多く存在しています。そういった会社も利用しながら、自社の発展のために最も有能な人材をヘッド・ハントしてくるのです。そのようなことは、日本の会社では普通は行われません。人事部が、社内で適任者を見つけてくるはずです。[5] それができない人事部は、人事部として失格といっていいでしょう。

米国でも多くの会社で次世代の経営幹部を計画的に育成し絞り込んでいくサクセッション・プランというものが行われています。[6] しかしながら、それを主導するのは日本のような人事部ではなく、社長以下の経営幹部です。そして、そのようにして育成された幹部も成果があがらなければいつでも解雇されます。実は、そのような仕組みが経営上の思い切った決断を可能にしているのです。決断が裏目に出て会社が危機に陥ったとしても、解雇されるだけのことだからです。

そのように言うと、そんな馬鹿なと言われそうですが、そうでないことは、オープン・イノベーションといったことを考えてみるとわかります。オープン・イノベーションとは、自社の研究部門だけからではなく他社や大学、国の研究所などとの連携を柔軟に行うことによって生まれてくるイノベーションのことです。選択と集中の時代に、破壊的なイノベーションをもたらすものとして重視されるようになってきている手法です。ところが、そのオープン・イノベーションが、日本企業にはうまくできないのです。

冨山和彦さんによりますと、最近では、大企業の経営者が口々に「これからはオープン・イノベーションの時代だ」と言うようになった。担当部署を作り、先進地域とされるシリコンバレーやイスラエルなどへの視察も頻繁に行うようになった。ところが、日本の企業では、オープン・イノベーションにおけるさまざまな主体の出会いの場として重要なミートアップイベントに出てくるのは企業のトップではなく部課長クラス。その部課長クラスがイベントの報告書を書いて終わりというのがほとんど。それでは、リスクが大きいオープン・イノベーションに取り組むことなどできない。破壊的なイノベーションには、トップの経営者の即断が必要なのにそれができないからだとのことです。[7] まさに、その通りだと思います。

しかしながら、日本のトップ経営者にそのような即断を求めるのは、ちょっと無理な気

5　日本の会社の経営幹部になる条件には、部下の人望を得られるかというのがあります。そのためには、決定権を部下の満足が行くように委譲し、部下の間での利害をうまく調整できなければならないといった、およそ欧米の会社で考えられない能力が求められます（青木昌彦『日本経済の制度分析』pp２６２－２６３）。

6　サクセッション・プランとは、米国の会社において、社長をはじめとする経営幹部が後継者を指名して経営幹部の責任で後継者を計画的に育成するもの。

7　冨山和彦「オープン・イノベーション下手の日本」経済観測、毎日新聞、２０１８・４・６

がします。リスクが大きく失敗する可能性が高いものについては、リスクが大きければ大きいほど、組織の中で十分に検討するというのが日本企業だからです。そのようなプロセスを飛ばして、失敗したときに解雇されてもいいという覚悟での即断を日本の経営者に求めても無理です。[8] 下手をすると、会社を私物化している独裁者だと言われかねません。それに対して、即断するのが米国の経営者です。失敗したときには解雇されてもいいという姿勢で即断することが当然と考えられているからです。そして、それが、オープン・イノベーションの時代に、米国企業の強さをもたらしているのです。

ちなみに、「失敗したときには解雇されてもいい」というと無責任に聞こえたかもしれませんが、そんなことはありません。米国の経営者の決断は、決断の時点では会社にとってベストだとの確信に基づくものです。選択と集中の時代には、決断しないことも大きなリスクです。[9] そのことも踏まえてベストの決断をする米国の経営者は、いわば、仕事に対しての強烈なプロの「帰属意識」を持っているのです。会社に対する帰属意識ではなく、仕事に対する帰属意識です。そうでなければ厳しい競争社会の中で、多くの企業を渡り歩きながら偉くなっていくことなどできるはずがないのです。「失敗した時に解雇されてもいい」というのはその失敗がプロの失敗として評価されるので、次の仕事もすぐに見つかるからなのです。

新たな時代の人事管理

幹部社員の終身雇用制や新規学卒一括採用制が日本企業の強さの根幹にあるとしても、それは今日の日本企業の人事管理や経営手法が今後もこれまでと同じでいいということではありません。雇用市場の状況を見れば、日本企業が、新たな人事管理の手法を編み出していかなければならないという課題は、待ったなしになってきています。

若い人の感覚は大きく変化しています。会社が「メンバーシップ型」のつもりで採用しても、自分に合わないと思えばやめていってしまいます。特に30代以下の若者は、会社に長く勤めればポストや昇給で報われるという経験のないデフレ時代の社員になっており、かつてのような会社への帰属意識はありません。新卒のときには、親からのすすめもあっ

8　オーナー経営者の場合は即断できますが、それは解雇されてもいいという覚悟ではなく、自分の会社だからつぶれてもいいという覚悟の下でのものです。

9　日本の大企業において、決断しないリスクに対応するためにとられているのが、外部のベンチャー企業と組むといった工夫です。ベンチャー企業側も、創業時の成長速度を上げる狙い等から大企業の傘下入りを選ぶ企業が増えてきているとのことです（日本経済新聞、２０１８・７・23）。

て、とりあえず名の通った企業に就職しても、3年もすると3割は転職していってしまいます。[10]

そのような中で、企業間での人材争奪戦も激しくなってきています。ライバル企業からの引き抜きは当たり前。優秀な人材はどんどんヘッド・ハントされて転職していく時代になってきているのです。優秀な社員が辞めると、それをきっかけに連鎖退職が起こったりもします。[11]企業には、そういった事態に対応して、「メンバーシップ型」にも「ジョブ型」にも対応できる多様で柔軟な人事管理が求められるようになってきているのです。

となると、新卒採用者だけでなく中途採用した人でも幹部社員になれるようにするといった工夫、若手社員をスタート・アップ企業や大学に出向させるといった工夫。[12]女性社員に子供ができた場合に子育て休職を大幅に認めるといった工夫、そんな工夫が必要です。[13]そういった工夫が、社員にとっても多様な人生設計を描けるようにしながら、企業の活力を、そして競争力を高めていくことにつながります。企業の人事管理は、時代に合わせて、思い切って変えていくことが必要なのです。[14]

日々進化する企業経営

日本企業の人事管理を、時代に合わせて思い切って変えていかなければならないとご説明しましたが、それは何でも今日グローバル経営を主導している米国流にしていくべきだと言っているわけではありません。現在、世界では、米国流のビジネス・スクールが花盛りですが、そこで教えられていることには、米国以外では通用しないこともあるからです。

１９７０年代の後半、筆者は米国のスタンフォード大学ビジネス・スクールに留学しましたが、当時はビジネスはヨーロッパではまともな学問とはみなされていませんでした。ビジネス・イズ・アメリカン・スタディーと言われ、ビジネスはアメリカ人だけが学問と

10　厚生労働省の「新規学卒就職者の離職状況調査」（平成29年9月15日）によれば、平成26年3月の新規学卒就職者のうち、大卒の30％以上が、高卒の40％以上が3年以内に離職しています。１０００人以上の大企業では、離職者は大卒、高卒ともに25％程度ですが、１００人未満の中小企業では、4割から6割の離職率になっています。最近は、東大生の最も優秀な人は、就活せずに起業し、次に優秀な層は外資系コンサルティング会社や外資系投資銀行をめざすとのことです（週刊東洋経済、２０１８・6・23、p23）。東大や京大の就職人気ランキングでは、数年後の転職を視野に、外資系のコンサルティング会社や投資銀行が上位にランクされるようになっているのです（冨山和彦、「就職人気ランキングの光と影」毎日新聞、２０１８・6・15）。

11　山本寛青山学院大学教授、読売新聞電子版、２０１８・8・17

12　日本経済新聞２０１８・12・30「スタートアップで『修業』」。

13　博士号取得者の活用の工夫も必要と考えられます。日本では博士号取得者を一人でも雇用している企業の割合は従業員２５０人以上の大規模企業でも17％にとどまり、しかも十分に活用されていないとされています（日本経済新聞２０１８・04・23）。

14　ＡＩ時代の人事管理について、岩本晃一編『ＡＩと日本の雇用』pp２５８－２６２参照。

考えているものだとも言われていました。ヨーロッパでは、企業の幹部になるにしても、必要なのは歴史学や哲学あるいは経済学だとされていたのです。

それが、今では世界中で米国流のビジネス・スクールが花盛りです。企業が国境を越えてどこで何を作ってもよくなったからです。そこで企業は、勝手知ったる自国とは違う国での経営という課題に日常的に直面することになりました。そのような課題に以前から向き合い、研究し、教えてきたのが米国のビジネス・スクールでした。その結果、米国流のビジネス・スクールが花盛りという時代になったのです。

しかしながら、その米国のビジネス・スクールで教えていることには、とうてい日本には適用できないものがあります。[15] 例えばボーナスの出し方です。筆者の受けた授業では、ボーナスは、何か成果をあげても、それで必ず出すようなことをしてはいけないと教えられました。[16] 人間の働くモチベーションを上げるためには意外性が大切だ。成果をあげても、ボーナスが出るときもあれば、出ないときもあるようにする。その意外性が従業員のモチベーションを上げるのだというのです。そのようなことを日本で行えば、人間性を疑われかねないでしょう。逆効果になりかねません。

もう一つ例を挙げますと、会社の幹部は情報をむやみに下に流してはいけないというのがありました。企業秘密の保持という点からは当たり前ですが、それだけではなくて、むやみに情報を下に流すと、お前の部下がお前のポジションを奪うためにその情報を使うかもしれない。だから、情報をむやみに下に流してはいけないというのです。それでは、大事な話はすべて社長や部長といった会社の幹部が自分たちだけで処理しなければならなくなってしまいます。たいへん忙しいことになります。大事な話ほど、下におろしてしっかりと検討させ、そのうえで幹部が判断するのが日本流です。そうしなければ下の人も育ちませんし、会社もうまく回っていきません。そもそも、情報を流したらお前の部下がお前のポジションを奪うなどということは、人事部がしっかりしている日本ではまず考えられないことです。

とはいえ、そのような手法も、日本企業がこれからグローバルに展開していくとすれば、海外での経営手法としては使いこなせるようにしておかないと、海外での経営はうまくいきません。ちなみに、グローバルな経営手法を使いこなすという観点から興味深いの

15　最近、米国のビジネス・スクールへの日本企業からの留学生が、かつてと比べて少なくなっています。その一つの要因が、米国のビジネス・スクールで教えている内容のかなりの部分が、日本の経営に応用できないということにあると思われます。

16　そもそも、毎年定期、定額に出す日本のボーナスは、ボーナスの名に値しないとされました。

が、米国人は、実は、意見の違う人とチームを組んで仕事をするのが得意だということです。

これは齋藤ウィリアム浩幸氏[17]が『ザ・チーム』という本で述べていることです。齋藤氏によると、「イノベーションの加速する世界で個人、企業、国家が生き延びるためには、異質な価値観、異質な才能、異質な文化を持つ人がチームを組んで共通の目的のために助け合うことが絶対条件」だが、両親の母国である日本にやって来て、「日本にはチームがない」ということに気が付いたというのです。日本には、あらかじめ決められた目標を間違いなく遂行するグループはあるがチームはない。新しいアイデアを実現するためのチームがないというのです。齋藤氏によれば、米国では新たなことを行うために多様な人が集まってチームを創った場合に、集まった人たちの間では当然衝突が起こるがそれを恐れない。新しいアイデアを実現しようとするので当然失敗が生じるが、それを評価する。日本では、アメリカは個人主義の国だと思い込んでいる人が多いが、多様な国からの移民が集まって創られているアメリカほど、多様な人々が集まったチームの大切さを身にしみてわかっている国はないというのです。[18]

とはいえ、そのような米国流を、そのまま日本企業の経営に持ち込めばいいかといえば、そうはいかないでしょう。日本の会社では、多様な人々が集まってチームを創ったとしても、当然に衝突が起こるということにはなりません。喧々諤々の議論はしても、根回しなどの手法を使って決定的な衝突に至らないようにしながら目標を決め、そのようにして決められた目標を間違いなく遂行するようにするはずです。そのような仕組みをしっかりと機能させるために、終身雇用の幹部社員が中核にいる日本型の経営があるのです。それを不用意に米国流にしてしまうと、会社はバラバラになってしまいます。それでは個々の社員の本来の力も発揮させられなくなってしまい、成長力を取り戻すどころか活力を下げてしまうことにもなりかねません。

しかしながら、海外での経営や国内であっても外国人も入れたプロジェクト・チームといった場面では、齋藤氏の言う米国流も使いこなしていかなければなりません。経営手法を使い分けていかなければならない時代になっているのです。

ちなみに、米国においても現在の米国流の経営がそのままで良しとされているわけでは

17　両親が1980年に米国に移住した日系2世の起業家。

18　齋藤氏によれば、米国では、チームの中で力を発揮できるようにすることが、教育の基本だとのことです。子供のときからチーム作りを徹底して訓練し、鍛える。いくらIQが高くても、チームのメンバーとして能力を発揮できなければ評価されるのは難しい。そのような教育の場は、学校であったり、教会であったり、ボーイスカウトであったりだとのことです。

ありません。大いに警鐘が鳴らされています。2016年に『悪いヤツほど出世する』という本が日本でも話題になったスタンフォード大学ビジネス・スクールのフェファー教授は、2018年3月に出版した本*Dying for a Paycheck*で、米国流の経営による働き方を改めるべきだと主張しています。現在の米国流の働き方が、会社の業績にも個人の幸福にも悪影響を及ぼしているからだというのです。

米国の職場のストレス、長時間労働が、慢性疾患、メタボリック・シンドロームや薬物及びアルコール乱用につながっており、経営陣に対する不信、仕事への不満が高まっている。それは従業員の結婚生活や子育てをも不安定なものにしている。米国では、レイオフが当たり前のように行われているが、レイオフされた従業員は次の仕事を探すのに大変なストレスを受けて傷ついている。労働者の5分の1を解雇するのは、砕石のために山の木の5分の1を皆伐してしまうのと同じだ。そのような木の皆伐が環境汚染なら、そのような解雇は社会的汚染だ。[19] 人が病気になると生産性が低下する。職場環境からのストレスが米国人の死因の第5位になっているというデータもある。そういったことによるビジネス・コストは膨大なものになっているというのです。

何か、日本流の経営がいいという答えが出てきそうな分析ですが、要は、これが絶対に正しいという経営手法はない。経営は、日々進化するものであり、進化しなければならないということです。[20] 常に、創造性の発揮が求められるのです。そのためには、特定の経営理論に固執しないとともに、常識[21]やコモンセンスを大切にすることが大事だと思われます。[22]

創造性を発揮する企業経営を得意とする日本

米国のビジネス・スクールは、常に経営の進化を追い求めているところです。筆者が留学していたのは、ジャパン・アズ・ナンバー・ワンと言われていた時代で、日本流の経営

19　「社会的汚染」とは、フェファー教授の造語。工場からの化学物質の排水などによる物理的な環境汚染に匹敵するものだというので、そのような言葉を創ったとのことです。

20　IT化時代の新しいマネジメントスタイルについて、マカフィー、ブリニョルフソン『プラットフォームの経済学——機械は人と企業の未来をどう変える?』（日経BP社、2018）第13章、参照。スタンフォード大学ビジネス・スクールのルイス・リー（Lewis Lee）教授は、マニュアル化した仕事ではなく、自分で工夫して仕事をさせるようにした方が、効率が上がることがあるとの説を唱えています。

21　2007年5月、カリフォルニア大学バークレー校の卒業式で、トム・サージェントというマクロ経済学者は、経済学は「常識を体系化したものだ」と述べています（『エコノミクス・ルール』p133）。

22　特定の理論に固執しないことを説いたのが高橋是清でした。高橋は、今日の横浜市立大学の前身である横浜商業学校の卒業式で、学問の重要性を述べたうえで、「諸君は、学問に呑まれず、学問に使われず、学問の奴隷とならず、あくまでも学問は自分が使うべきものであるという固き信念を抱いて職務に邁進せられたいのであります」と訓示しています。

から学ぼうという人々がたくさんいました。[23] 日本流の経営と米国流の経営を分析したうえでそれを統合する「セオリーZ（ビル・オオウチ）」といった理論が提唱されていました。多くの米国人学生が日本流の経営について学びたいとしていました。そこで筆者は、そのような学生と日本人の留学生が一緒になったサークルを作り、日本からソニーの盛田会長（当時）といった経営者を呼んできて話をしてもらったりしました。[24] 今日は当時とは打って変わって日本経済の方が不調です。とすれば、今度は日本が米国流の経営から学ぶべきところを学びながら経営を進化させていく番だと言えましょう。

そもそも、日本人は優れた創造性を発揮しながら企業経営を進化させてきました。明治時代には「和魂洋才」とか「論語と算盤」とか言われていたのが、それにあたります。かつてのソニーのウォークマンは、歩きながら音楽が聴けたらいいなというそれまでは考えられなかった新たなニーズに、ソニーという会社が応えたものでした。そのような新製品の商品化を可能にする経営が、そこにはあったのです。

筆者が経済財政諮問会議でお世話になった小林喜光三菱ケミカルホールディングス社長（当時）は、収益性（Management of Economics）と社会貢献（Management of Sustainability）とイノベーション（Management of Technology）に時間軸を加えた4次元経営というものを唱えています。筆者がスタンフォード大学で一緒だったベンチャー・キャピタリストの原丈人さんは、米国流の利益至上主義は行き詰まっているとして、新たに公益資本主義というものを唱えています。実は、終身雇用制に基づく経営も、戦後に日本が生んだ世界に例を見ない、斬新な経営手法だったといえるのです。[25]

筆者が企業経営における創造性に注目するようになったのは、25年ほど前、熊本県に出向していた時に山崎正和氏の『柔らかい個人主義の誕生』という本を読んでからです。そこで山崎氏は、これからの消費は個人の充実した時間の消耗を目的とする行動になるとさ

23　米国では、経済が不調の時代、なんとかそれを克服しようとさまざまな研究が行われていました。その一つが、MIT（マサチューセッツ工科大学）の特別委員会が2年の歳月をかけて取りまとめた"Made in America"（草思社、1990・3）という日米欧の産業比較の報告書です。米国では、経済が先進国で最高水準の成長率を誇るようになった今日でも、同様の取り組みが行われています。ロバート・E・ライタン編著『成長戦略論』（NTT出版、2016）は、さまざまな側面から、米国のあるべき成長戦略を分析しています。

24　そのような活動が評価されて、筆者は、卒業時に日本人留学生として初めて、クラスに最も貢献した学生の表彰を受けました（読売新聞、1980・6・17「日本人留学生が最優秀賞」）。

25　経営手法は進化することもあれば、退化することもあります。筆者は、デフレ期に企業が収益確保の手法として賃金抑制に慣れてしまった結果、イノベーションよりもリストラ優先になってしまい、日本の経営手法が退化してしまったのではないかと心配しています（『リスク・オン経済の衝撃』日本経済新聞出版社、2014・9、pp152−154）。最近、若手の優秀な社員が業務の改革を提案しても、保守的な管理職に採用されないことがあるといった話を聞くことがあります。それが、リストラ優先の経営感覚からのものだとすれば、経営手法の退化のあらわれと言えましょう。

れていました。例えば、洋服のショッピングは、毎晩のおかずの買い物とは違う。多くの店を回りながら、その服を着ることによって自分がより高められて幸せになる服を発見する。それは美術館を巡るのと同じ行動なのだ。そこには、充実した時間の消耗があるのだとしておられました。それは、人間の創造性の発揮ということでしょう。

江戸時代、庶民の文化である俳句や浮世絵を生み出し、武家も庶民もともに楽しめる茶の湯に親しんできたのが日本人です。日常生活の中に柔らかい個人主義の文化をはぐくんできたのです。そのような日本人は、日常生活の営みの延長線上にある企業経営に新たな創造性をもたらすことを得意としているはずです。そして、グローバルに発展していけるはずです。

コラム

ＳＤＧｓとコーポレート・ガバナンス

中島厚志

ＳＤＧｓ（持続可能な開発目標［Sustainable Development Goals］）は２０１５年9月の国連総会で採択された『我々の世界を変革する：持続可能な開発のための２０３０アジェンダ』

で設定された目標です。そこでは、世界各国の持続可能な開発のための17のグローバル目標と169のターゲット（達成基準）が定められており、加盟各国が２０３０年までに達成することが求められています。

このうちグローバル目標は、貧困や飢餓の撲滅、不平等の解消、健康増進、環境改善、教育普及、経済成長などで構成されています。また、ターゲットはそれぞれのグローバル目標の中で設定されているもので、項目によっては数値を含む個別具体的な目標基準として示されています。たとえば、貧困撲滅のグローバル目標でのターゲットでは、「２０３０年までに、世界のすべての人々について、現在一日1・25ドル未満が基準とされている極貧状態を撲滅する」といったことなどが掲げられています。

ＳＤＧｓには人々が地球と共存しつつ健康で豊かな生活を享受するためには欠かせない目標や基準が明示されていますので、その達成が大いに期待されます。しかし、いくらＳＤＧｓが多くの望ましい目標を掲げても、それらが実現するにはまず努力が必要なことは言うまでもありません。

さらに、容易には達成できない目標や基準も多く存在します。その一例が、経済成長のグローバル目標の中のターゲットとして設定されている「２０３０年までに、若年層と障害者を含むすべての男女が完全で生産的な雇用とまともな仕事につき、同一労働・同一賃金を達成する」です。このターゲットは、先進国にとっても達成容易な目標ではなく、まして労働市場や労働規制が整備されていない途上国にとってはかなりハードルが高い基準と言えます。日本ですら、同一労働・同一賃金が完全に達成されているとは未だ言えない状況です。このような目標の実現には、各国政府が一義的に責任を担うとしても、政府に加えて企業と個人も目標を共有し、達成に向けて力を合わせるしかありません。

もっとも、企業がSDGsの目標を全面的に共有することは困難です。基本的に、企業は利益を挙げることを目的とする経済活動を行う組織であり、人々の健康増進や地球環境保全などに主眼を置くSDGsとは目的が異なるからです。

とはいえ、営利企業がそもそも反社会的であるわけではありませんし、とりわけ先進国企業の多くには企業経営の規律を定めるコーポレート・ガバナンスが浸透してきています。そこでは、企業の競争力・収益力の向上とあわせて不正行為の防止なども通じて長期的に企業価値増大を図ることが目的となっています。そして、SDGsに人々の豊かさを高め、経済成長を図る目標が設定されている点などでは企業活動とSDGsに親和性があると言えます。

そこで、コーポレート・ガバナンスの目的を拡張して、企業活動が営利目的との本旨を損ねない形でもっと社会貢献できるようにできれば申し分ないことになります。すでに、企業の長期的な成長のためには環境（Environment）、社会（Social）、ガバナンス（Governance）の三つの観点（ＥＳＧ）を重視することが必要だとの考え方が世界的に広まってきてもいます。実際、近年では、社会や環境を意識した経営戦略は、企業利益や企業価値向上につながると認識されるようになってきており、社会や環境を意識した金融投資は収益率が高く、投資リスクが小さいという実証研究が発表されるようにもなっています。

ＥＳＧを重視する企業経営の考え方は、株主のみならず従業員、取引先、地域など社会全体の利益拡大にも貢献するステークホルダー価値重視の考え方とも合致します。それは、日本型企業経営と言われて多くの日本企業が採ってきた経営スタイルでもあります。

もちろん、いくらＥＳＧ重視や日本型の企業経営を行っても、企業がＳＤＧｓのすべての目標やターゲットを最優先することはできません。しかし、しっかりしたコーポレート・ガバナンスの下で社会や環境も重視した経営を行って、収益力と社会貢献を満たす企業が増えれば、ＳＤＧｓが目標とする世界が実現していくことにもつながります。ＳＤＧｓは国が達成すべき目標とターゲットを示すものですが、それをきちんと実現する主体は企業と個人が中心であることを改めて意識することが重要です。

コラム

ＫＡＩＴＥＫＩ価値を最大化する四次元経営

小林喜光

私は、２００７年に三菱ケミカルホールディングスの社長に就任して以降、企業が儲けるだけでよい時代は終わったとの認識に立ち、経営を次の三つの軸で捉え直した。

まず一つ目のX軸では、ＭＯＥ（Management of Economics）の軸である。ここでは、人材、設備、資金をいかに効率的に運用して利益が得られたかを示す。企業が利益を生み出し法人税を払うことは世界共通の原理原則である。

二つ目のY軸は、ＭＯＴ（Management of Technology）の軸である。ここでは、イノベーションによって革新的な製品やサービスをどれだけ創出しているかを示し、開発から上市までのステージアップ達成率、知的財産海外出願比率、新商品化率などの形で定量的に評価する。

三つ目のZ軸ではＭＯＳ（Management of Sustainability）を評価する軸である。ビジネスを通じて環境問題や社会問題の解決や持続可能性の向上にどれだけ貢献したかを示す。ＣＯ２排出の削減、顧客満足度、従業員の健康、ダイバーシティの浸透などの形で定量的に評価を行う。

これら三つの軸に加え、「時間軸（ｔ）」を考慮した４次元からなる総合的な企業価値を

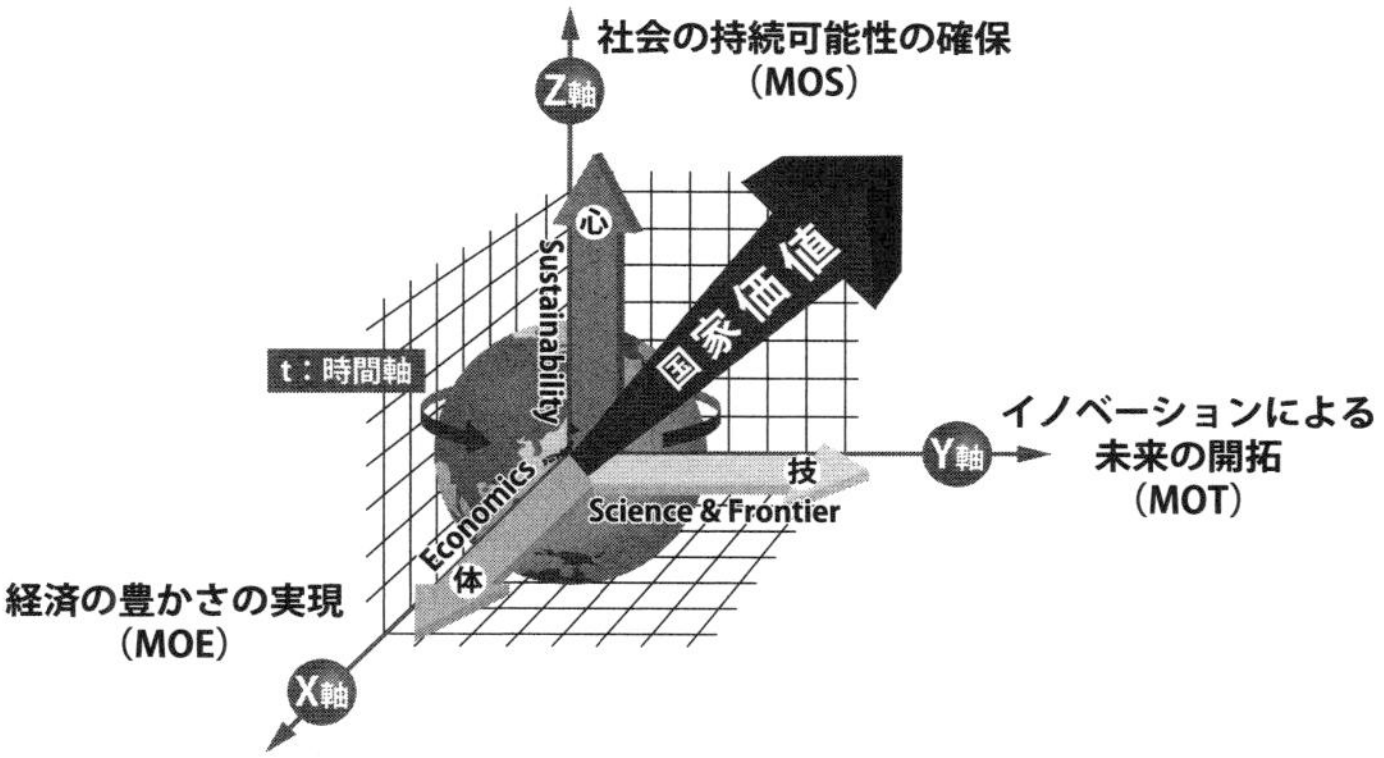

「ＫＡＩＴＥＫＩ価値」と定義し、その価値の最大化に向けて経営にあたってきた。

Ｘ軸、Ｙ軸、Ｚ軸それぞれの時間軸は大きく異なる。Ｘ軸は四半期単位、Ｙ軸で求められるイノベーションは10年単位、Ｚ軸は１００年の計としてみていく必要がある。

軸と軸の関係は、一見相反するようにみえる。例えば、企業が環境問題への対応を優先させればそのぶんコストに影響し、利益が減少するといった因果関係が想定される。しかし、当社の過去7年間の実績からは、ＭＯＳの点数が高い事業はＭＯＥつまり利益もまた向上するという正の相関が明確にみられる。日本の相撲や武道などの伝統的競技には、「心技体」という考え方がある。Ｘ軸を企業の「体」を形成する要素であるとすれば、Ｙ軸は「技」、Ｚ軸は「心」に符合する。心技体がバランスよく充実してこそ企業価値は向上すると信じて経営を実践してきた。経済同友会の代表幹事に就任してからは、この四次元経営の概念を国家に敷衍して考えるようになった。

グローバル化、デジタル化（AI化）、ソーシャル化という新たな世界の大きなうねりにより、リアルとバーチャル、付加価値と効用、そして個と集団という三つの関係性に変化が生じて、社会経済システムのあり方が大きく変わりつつある。とりわけ世界では、データやハイテク分野をめぐる国家間の対立や格差による社会の分断が進んでいる。複雑化している現代において追求すべきは社会の最適化である。その解析手法として、先に述べた四次元経営の概念を国家に応用した。

基本的にはKAITEKI価値の考え方と同様である。X軸は、GDPなどの経済的付加価値を中心とした経済成長。Y軸では、イノベーションによるフロンティアの開拓、そしてZ軸では、人口・労働、財政、社会保障、環境・資源エネルギー、教育、外交・安全保障など、国家の持続可能性に関わるテーマをそれぞれ評価する。さらに、時間軸（t）によって時代の風を捉えて考察することにより、総合的な国家価値を解析・評価する。

我々がめざすべき最適化社会とは、一言でいうと「適正な競争と公正な分配のある社会」に尽きる。そのめざすべき姿に向けてＸ、Ｙ、Ｚそれぞれの軸の価値を定量的に解析・評価し、総合的な国家価値を高めていくことを提言している。

世界における日本の比較劣位が鮮明になりつつある中で、いま一度日本の強みとは一体何なのかを考える必要がある。日本には、三方よしに代表される社会性・継続性と、和魂洋才や混ぜご飯のように多種多様な要素を取り入れてきた歴史があり、これを「最適化能」と呼ぶならば、これをもって日本の強みであるモノづくりで蓄積してきたリアルデータをＡＩの助けを借りてコンピュテーショナルにデザインし、ネットの世界と融合させていくところにありそうだ。とりわけ、地球温暖化、水、食料、ヘルスケアなどグローバルアジェンダの分野においては、高度な社会性とテクノロジーをもつ日本企業が最適化能をもって活躍する余地は十分残されているはずである。

以上、企業価値と国家価値の３軸と時間軸を使った解析手法について述べた。しかし、そもそも企業と国家はそれぞれ依って立つ土台が異なる。誰に裁かれるかを考えれば明白である。企業は究極的には世界の株主に裁かれ、グローバルに活動し、連結決算に依存する。他方、国家の運営を託されている政治家はその国単体の選挙民に裁かれる。そのような原理原則の相違がある一方、多くの日本人経営者がこの国で生まれ育ち、企業も本社や拠点を国内に置いているのもまた事実である。経営者は、自らの企業の価値最大化に取り組むとともに、国家のステークホルダーの一員として、長期視点でその価値を最大化させ、最適化社会を実現するために積極的に提言し、そして行動していくべきであると思う。

あとがき

本書は、少子化が問題ないとするものではありません。今のままの出生率では、100年後のわが国の人口は今日の3分の1になってしまいます（内閣府「選択する未来」委員会報告書、三村明夫委員長2016年）。極めて憂慮すべき事態です。

しかしながら、少子化対策として何よりも大切なことは、若い人たちが喜んで子供を持てるようにすることです。そのために必要なのは、働く世代の豊かな生活です。明日の生活が、今日よりも豊かなものになるという夢がもてることです。

ところが、今日、わが国の働く世代は、世界の中で相対的にどんどん貧しくなっています。最近、子供の貧困が話題になりますが、本文で説明しているとおり、それは子供を持つ働き盛りの世帯の貧困のことです。少子化を止めるためには、働き盛りの世代の貧困を止めなければなりません。そのために、わが国の低成長を何とかしなければならないというのが、本書で述べていることです。

今日、多くの人が、少子化で働く人が少なくなるので日本の低成長はやむを得ないと思い込んでいます。しかしながら、今年生まれた赤ん坊が働きだすのは、早くてもその赤ん坊が大きくなって高校や大学を卒業した後からです。それまで、手をこまねいているわけにはいきません。

実は、かつての日本の高度成長は人手不足の下に始まりました。戦後、昭和22年からのベビー・ブームでたくさんの子供が生まれましたが、高度成長はベビー・ブームで生まれた子供たちが小学生になった昭和30年ごろから始まっています。戦争で多くの働き手が亡くなり、人手不足だった中で始まったのです。それは、今日の人手不足よりも、もっと深刻な人手不足の中で始まったのです。

投資しない会社は成長しません。国も同じです。ところが、日本では、戦後、国が投資しないのに高度成長する仕組みができあがってしまいました。終身雇用制という仕組みが、思いもかけずにうまく機能したのです。そのために、多くの日本人は、その仕組みが機能しなくなった今日でも、新たな投資をしなくても再び成長力を取り戻せると思い込んでいます。そして、当面元気が出るということで景気対策というカンフル注射を打ち続けています。

確かに、景気対策にカンフル注射としての効果はあります。誰でもドリンク剤を飲めば活力がみなぎってくるのと同じです。でも、ドリンク剤を飲んだからといって背は伸びません。国も同じです。それでは、国民の生活は本当には豊かにならないのです。

今日の日本は、豊かな日本という過去の成長の遺産を食いつぶしているようなものです。高度成長期以降、歯を食いしばって蓄えてきた遺産を食いつぶしているのです。

筆者の世代の父親たちは、子供たちが起きている時間に帰ってくることはまれでした。それくらい、頑張って今日の豊かな日本を築いたのです。その豊かな日本で、今日、ワーク・ライフ・バランスを大事にしようと言えるようになったのはいいことです。しかしながら、今後、日本が貧しくなっていくと、子供たちの世代は今日のようなワーク・ライフ・バランスを享受することはできなくなってしまいます。今日の世代も、父親たちの世代に恥ずかしくない程度に頑張って生産性を上げていく努力が必要なのではないでしょうか。

なお、本文では触れませんでしたが、これからの成長のためには、打たれ強くチャレンジ精神にあふれた人材の育成も重要です。最近のわが国の教育は、落ちこぼれにならないことを重視していますが、それだけでは、選択と集中の時代、転職が普通になる長い人生で、大きなストレスを感じたときに、むしろ落ちこぼれを大量に生み出してしまいかねません。

打たれ強さを忘れた教育では、ベンチャーを担うチャレンジ精神にあふれた人材やグローバルな市場で外国企業と対等に渡り合える人材も育ちません。日本は、本来、打たれ強さやチャレンジ精神を大事にしてきました。明治維新を引っ張った坂本龍馬や西郷隆盛は、そのような人物だったはずです。

日本が、その持てる人的資源をしっかりと活用すれば力強く発展していけるはずだということを指摘したのが、2009年6月、麻生内閣の下で出された「安心社会実現会議」の報告書でした。同報告書は、筆者が内閣府の経済財政担当の統括官だったときに、与謝野馨大臣（故人）の下で取りまとめられたものです。同報告書は、若者や現役世代への支援を強化して「切れ目のない安心保障」を構築し、それによって働くことを中心とした活力ある安心社会を実現していくとしていました。同報告書は、筆者のバイブルです。

本書を執筆する直接のきっかけになったのは、本文の図表16を使って講演された経済産業研究所の中島厚志理事長（当時）のお話と、財務政策総合研究所の「イノベーションを通じた生産性向上に関する研究会」での議論ですが、最もお世話になったのは、第一生命経済研究所です。2014年に内閣府を退官後、4年間にわたり在職させていただき、自由に研究活動をさせていただきました。毎月のサンドイッチを食べながらのランチ・ミーティングでは、研究所の所員との自由な議論から多くのアイデアをいただきました。特に、「お墓の研究」など生活に直結したユニークな研究・調査を行っているライフ・デザイン部門の研究者との議論は、国民生活の視点から経済を見ることを教えてくれました。その他、内閣府の事務次官室で筆者が開催したフリー・ディスカッションも楽しく有意義なものでした。フォーラム21という官民の勉強会や古典を素材にセミナーを行う日本アスペン研究所での議論からも大きな刺激を受けました。

最後に、勝手ながら本書の執筆にさまざまな示唆を与えて下さった方々のお名前（敬称略）を故人を含めて、思いつくままに掲げさせていただきます。経済財政諮問会議の関係では、与謝野馨、太田弘子、甘利明、吉川洋、伊藤隆敏、伊藤元重、清家篤、高橋進、岩田一政。政党関係では、竹下登、梶山静六、塩川正十郎、麻生太郎、谷垣禎一、園田博之、中川秀直、宮沢洋一、斉藤鉄夫、峰崎直樹。経済界では、三村明夫、小林喜光、岡素之、鈴木幸一、藤山智彦、福島良典。大学関係では、今道友信、本間長世、芦部信喜、貝塚啓明、石光弘、神野直彦、碧海純一、宮本太郎、土居丈朗、井手英策、奥村洋彦、ダニエル・オキモト、林文夫、富田俊基。内閣府その他の関係では、中島厚志、湯元健治、原田泰、梅渓健児、西川正郎、増島稔、林伴子、岩本晃一、原丈人、冨山和彦、一柳良雄、田村哲夫、高池勝彦、逢見直人、山崎史郎、香取照幸、井上誠一、唐木啓介、梅津昇一、荒井正吾、多川俊映、Chris Mead、岩崎日出俊、星加泰。財務省関係では、長岡實、佐藤徹、佐藤光夫、尾崎護、千野忠男、小川是、竹内克伸、渡辺裕泰、坂篤郎、細川興一、加藤秀樹、森信茂樹、荒巻健二。そして、最後に、わかりにくい筆者の文書を読みやすく校正してくれた妻安子です。

参考文献

青木昌彦『日本経済の制度分析――情報・インセンティブ・交渉ゲーム』永易浩一訳、筑摩書房、1992
デービッド・アトキンソン『新・所得倍増論』東洋経済新報社、2016
安心社会実現会議報告書「安心と活力の日本へ」2009
井上誠一『高福祉・高負担国家スウェーデンの分析――21世紀型社会保障のヒント』中央法規出版、2003
岩本晃一編著『AIと日本の雇用』日本経済新聞出版社、2018
ビル・エモット『「西洋」の終わり――世界の繁栄を取り戻すために』伏見威蕃訳、日本経済新聞出版社、2017
マーヴィン・キング『錬金術の終わり――貨幣、銀行、世界経済の未来』遠藤真美訳、日本経済新聞出版社、2017
経済財政諮問会議専門調査会「選択する未来」委員会「未来への選択――人口急減・超高齢社会を超えて日本発　成長・発展モデルを構築」2014
経済財政諮問会議成長のための人的資源活用検討専門チーム「成長のための人的資源の活用の今後の方向性について」2013
齋藤ウィリアム浩幸『ザ・チーム日本の一番大きな問題を解く』日経BP社、2012
財務総合政策研究所「イノベーションを通じた生産性向上に関する研究会」報告書、2018
自由民主党政策審議会、小泉小委員会「人生100年時代の社会保障へ」2016

冨山和彦『なぜローカル経済から日本は甦るのか』ＰＨＰ新書、２０１４
内閣府「平成30年度　年次経済財政報告――白書：今、Society 5.0の経済へ」２０１８
野田内閣「社会保障と税の一体改革」２０１２
濱口桂一郎『若者と労働――「入社」の仕組みから解きほぐす』中公新書ラクレ、２０１３
原丈人『「公益」資本主義――英米型資本主義の終焉』文春新書、２０１７
ジェフリー・フェファー『悪いヤツほど出世する』村井章子訳、日本経済新聞出版社、２０１６
松元崇『リスク・オン経済の衝撃――日本再生の方程式』日本経済新聞出版社、２０１４
松元崇「世界の生産構造の大変化への対応」学士會会報、２０１６・I号
松元崇『「持たざる国」からの脱却――日本経済は再生しうるか』中公文庫、２０１６
松元崇「われわれは、高橋是清から何を学ぶのか」「金融経済研究」第40号、日本金融学会編、２０１８
ブランコ・ミラノヴィッチ『大不平等』立木勝訳、みすず書房、２０１７
矢野和男『データの見えざる手――ウエアラブルセンサが明かす人間・組織・社会の法則』草思社、２０１４
山崎正和『柔らかい個人主義の誕生――消費社会の美学』中公文庫、１９８７
湯元健治・佐藤吉宗『スウェーデン・パラドックス――高福祉・高競争力経済の真実』日本経済新聞出版社、２０１０
ロバート・E・ライタン編著『成長戦略論――イノベーションのための法と経済学』木下信行・中原裕彦・鈴木淳人監訳、ＮＴＴ出版、２０１６
ダニ・ロドリック『エコノミクス・ルール――憂鬱な科学の功罪』柴山桂太・大川良文訳、白水社、

２０１８
「新・階級社会の不都合な未来」週刊ダイヤモンド、２０１８年４月７日号
Jeffrey Pfeffer, *Dying for a Paycheck*, Harper Business, March 20, 2018

松元 崇　まつもと・たかし
1952年東京生まれ。東京大学法学部卒業。大蔵省に入省。スタンフォード大学経営大学院修了（MBA）。野田政権、第二次安倍政権で内閣府事務次官を務める。現在、国家公務員共済組合連合会理事長。著書＝『大恐慌を駆け抜けた男　高橋是清』（中央公論新社）、『山縣有朋の挫折――誰がための地方自治改革』（日本経済新聞出版社）、『「持たざる国」への道――「あの戦争」と大日本帝国の破綻』、『「持たざる国」からの脱却――日本経済は再生しうるか』(以上、中公文庫)など。

日本経済 低成長からの脱却
縮み続けた平成を超えて

2019年3月20日　初版第1刷発行

著　者　松元 崇
発行者　長谷部敏治
発行所　NTT出版株式会社
〒141-8654　東京都品川区上大崎3-1-1　JR東急目黒ビル
営業担当　TEL 03（5434）1010　FAX 03（5434）1008
編集担当　TEL 03（5434）1001
http://www.nttpub.co.jp

装　幀　松田行正＋杉本聖士

印刷・製本　図書印刷株式会社

ISBN 978-4-7571-2379-3　C0033